BANZHUREN
CONGSHU

《班主任》丛书

从新手到高手：
班主任该怎么办

赵福江○主编

中国人民大学出版社
·北京·

图书在版编目（CIP）数据

从新手到高手：班主任该怎么办/赵福江主编 . —北京：中国人民大学出版社，2016.3

ISBN 978-7-300-22574-6

Ⅰ.①从… Ⅱ.①赵… Ⅲ.①中小学 — 班主任工作— 研究 Ⅳ.①G635.16

中国版本图书馆 CIP 数据核字（2016）第 041950 号

从新手到高手：班主任该怎么办

主 编　赵福江

CONG XINSHOU DAO GAOSHOU：BANZHUREN GAI ZENMEBAN

出版发行	中国人民大学出版社		
社　　址	北京中关村大街 31 号	**邮政编码**	100080
电　　话	010 - 62511242（总编室）		010 - 62511770（质管部）
	010 - 82501766（邮购部）		010 - 62514148（门市部）
	010 - 62515195（发行公司）		010 - 62515275（盗版举报）
网　　址	http://www.crup.cip.com.cn		
经　　销	新华书店		
印　　刷	北京华宇信诺印刷有限公司		
规　　格	720 mm × 1000 mm　1/16	**版　　次**	2016 年 3 月第 1 版
印　　张	15.25　插页 1	**印　　次**	2023 年 8 月第 7 次印刷
字　　数	220 000	**定　　价**	38.00 元

本 书 编 委 会

主　编：赵福江

副主编：周　芳　赵敏霞　魏　强

成　员：卞　京　曲怀志　杨丙涛　陈秀娣

▌CONTENTS▪目 录

第二辑·越来越凸显的问题 ┄┄┄┄┄┄┄┄┄┄┄┄

第三辑 成为高手

从新手到高手的修炼手册

耿 申

"我该怎么办"是《班主任》杂志的品牌栏目,很受读者欢迎。开设以来,已经讨论了 80 多个主题。

多年来,"我该怎么办"专题,形成了以下几个特点。

第一,栏目形成了相对固定的叙述模式。先是提出问题,问题均来自一线班主任们的提案;接着是提供解决问题的经验办法,办法也来自一线班主任们的定向投稿;最后是一位资深班主任或班主任理论研究工作者的学理性建议。

第二,每期专题所讨论的都是当前班主任工作中遇到的普遍性问题。每期专题都是通过刊物和网络向全国班主任征集来的。编辑部在众多问题中,选取大多数班主任所关注的问题列为专题向社会公布,征集经验文章。随后,编辑部便将来稿按专题分类研读筛选。因此,每期专题既能满足班主任的实际需求,也能吸引全国班主任的广泛参与。

第三,注重研究和引导。面对众多稿件,编辑们承担起研究任务。一方面,他们必须通过研究来确定选题。确定选题的过程包含了研究选题的意义价值、分析选题的分布广度、确定选题的理论定位等。另一方面,他们必须通过研究来筛选文章,对每期上百篇来稿既要进行"文献研究",以确认其共性和差异；又要进行"作品分析"，以确认其所提供解决办法的经验价值、观念水平及可操作性。

80多期专题涉及班主任工作的方方面面，包括班级管理、班级教育、师生关系、班集体建设、个别生教育、青春期教育、家庭教育等。概括来看，所有选题都集中在学生心理、师生关系、家校合作和班主任指导四大方面。本书所收集的"办法"及专家所阐述的理论，大体可概括为两句话，一句是"班主任永远需要针对不同的学生使用不同的策略"，另一句是"不同类型的班主任对同样的问题也需要——事实上很有可能是必须要——考虑采取不同的策略"。

摆在班主任眼前的困惑和难题，表现形式各异，但都属于班主任"成长中的烦恼"。对于"成长中的烦恼"，"我该怎么办"栏目尝试成为帮助班主任解决眼前问题的帮手。此次编辑部从80多期专题中精选了12个专题结集成书，主要是为了班主任能够更方便、更集中地分享解决眼前难题的经验方案及理论解释，以使自己的班主任工作得到便捷、实用的专业指导。

这既是一本初任班主任必读书，也是一本成熟班主任总结经验的参考读物，还是一本班主任理论研究的基本素材。其中的经验方案和理论阐释都是每位作者个人的观点，都有较高的参考价值。然而，每位班主任所遇到的问题都是独特的，解决任何班级管理和教育问题，也从来没有放之四海而皆准的理论和方法。读者可把本书视为一根高品质的手杖，虽然登山终归还是要靠每位班主任自己的双腿，但本书会在登顶之路上助你一臂之力。

（作者系北京教育科学研究院院长助理，知名班主任研究专家）

第一辑　最棘手的问题

学生缺乏上进心，怎么办？

学生经常不完成作业，怎么办？

学生带手机进校园，怎么办？

班里总有学生乱花钱，怎么办？

学生缺乏上进心，怎么办？

> 班里有个学生很没有上进心，我让他好好学习，他说："反正我也考不了高分。"我对他说，只要努力就能进步。他说："进步了又能怎样？"我许诺他进步了就给他奖品，他却说："我才不稀罕呢！"反正我怎么做，他都无动于衷。班里总有这样上课没精打采、作业敷衍了事、学习热情低、没有人生目标的学生，作为班主任，我该怎么办呢？
>
> ——浙江·王盈盈

一、什么让他们与上进"绝缘"

第一，分数成了唯一目标。长期以来，不少学校的教学围绕升学指挥棒转，不仅给教师增加了负担，也给学生带来了沉重的压力。为了应对中考和高考，许多老师把越来越多的精力花在钻研考试模拟题和针对性训练上，学生们成了考试的机器。学校教育过分注重分数，考查学生的标准过于单一，导致许多学生不断受到分数和排名的打击，产生严重的自卑感，失去学习的主动性。在年复一年枯燥乏味的训练中，不少学生被动学习，失去了兴趣的同时也失去了上进心。

（张山明/广东省仁化县第二中学，于天景/河北省魏县车往中学）

第二，适得其反的"望子成龙"。其实，每个孩子都有上进心，但有的父母过于苛责，要求完美，漠视孩子的点滴进步，孩子积极性屡屡被打击，干脆就放弃了努力。有的父母"望子成龙"、"望女成凤"心切，完全不顾孩子的身心特点，从孩子幼年时就进行超前教育、强化训练，导致孩子很小就开始厌学。个别独生子女家境优越，父母过分溺爱，包办一切，对孩子百依百顺，有求必应，导致孩子处处以自我为中心，动手能力差，依赖性强，缺乏强烈的学习愿望和持久的学习动力。

（张山明／广东省仁化县第二中学，

刘相国　王振华／山东省昌乐县第一中学）

第三，"我看你根本成不了大事。"个别老师对那些习惯不好、不听话的所谓"差生"，或者一些成绩好但是爱出风头的学生，经常冷嘲热讽、批评斥责、横眉怒对甚至施以体罚，导致学生的上进心逐渐消失。学生小峰学习成绩非常优异，各项活动都积极参与。但是他也非常调皮，经常让老师下不来台。有一次上课时，他又和同桌交头接耳，老师让他回答问题，他答不出，老师就说了一些比较犀利的话，如"你不是很能吗，怎么这么简单的问题也不会"、"我看你只是有些小聪明，根本成不了大事"，等等。老师的话引来同学的嘲笑。遭到老师打击之后，小峰在课堂上再也不举手回答问题，也不再参加任何活动，进取心日渐消退。

（付勇　郭佳艳／湖南省郴州市湘南中学，

王玉荣／山东省临清市松林镇中学）

第四，"真的太难学了。"开学一段时间后，我发现学生小兴作业完成得越来越马虎，上课听讲总不在状态，有时甚至睡觉。经过调查我了解到，他以前学习挺认真的。为什么会变成这样呢？与他交谈后得知，他觉得英语太难学了，怎么也学不好，没希望实现升入好学校的梦想，就不想学了，想混到毕业算了。原来，他是因为学习遇到了困难而丧失了进取心。

（薛茂红／江苏省兴化市唐刘学校）

第五，"我从不想我的未来。"课上，小菊一直趴在桌子上似听非听，笔拿起又放下，一副漫不经心的样子。问她原因，她说中考时就这样，高中三年也是这样过来的，从来没有具体想过要上哪一所大学，考到哪里算哪里。最后，她还反过来安慰我，说："老师，您别管了，我这人就这样，很盲目的，反正啥也不行，我从不想我的未来。"这类学生往往没有远大理想和明确目标，缺乏自我激励，学习热情低，安于现状或甘居下游，不愿努力。

（李鑫／甘肃省岷县第一中学，张国东／天津市蓟县下营中学）

第六，"读书有什么用呢？"中学生有时思考问题不全面，缺乏足够的自制力和分辨是非的能力，所以很容易受外界影响。"金钱万能"、"搞自然科学不如搞影视文化"、"搞原子弹的不如卖茶叶蛋的"等社会现象，也为厌学者提供了借口。此外，大学生就业难成为当今社会普遍关心的问题，部分学生不再把"知识改变命运"奉为圭臬，"只要有活干，上不上大学无所谓"成了他们的口头禅，每天想的就是如何混到毕业，然后外出打工。对他们来说，反正"毕业就意味着失业"，读书有什么用呢？

（张山明／广东省仁化县第二中学，

刘相国 王振华／山东省昌乐县第一中学）

二、我们该怎么认识上进心

第一，上进心的本质是自尊心。上进心的本质其实就是一个人的自尊心。有些学生看起来调皮捣蛋，大大咧咧，实际上却有着非常强烈的自尊心。正因为如此，他们往往无法正确对待自身的错误和别人的批评，所以错误不断出现，失望不断堆积，再加上有时老师、家长的批评方式比较简单、粗暴，致使他们原本不强的自信心消失殆尽，强烈的自尊心驱使他们逐渐把自己"保护"起来，用逆反心理把自己"武装"起来，最后就变成了"刀枪不入"、"软硬不吃"、"破罐子破摔"。

（王玉荣／山东省临清市松林镇中学，

黄森 王庆欣／福建省厦门实验小学）

第二，每个人都渴望上进。每个人的内心深处都渴望得到他人的认可，更何况是学生？哪一个孩子不喜欢表扬？哪一个孩子是真的不想上进？每一个孩子在学习之初，无不对求知充满热情；每一个学生在成长之中，都渴望展开翅膀飞翔，即便是那些基础很差、学习困难的学生，其内心深处也同样渴望取得成功，渴望被别人尊重。所以班主任要善于给学生创设上进的平台，给他们插上飞翔的翅膀，激发他们的潜力去超越自我。只要教育方法得当，学生自然会成为全力追求上进的人。

（刘向军 / 河南省长垣县河南宏力学校，

陈松彦 / 河南省尉氏县第三中学北校区）

第三，上进心也有成长过程。一个学生哭诉："我努力了，我真的努力了，我一再严格约束自己，控制自己的行为，我感觉比以前强多了，上课不打瞌睡了，作业也按时交了，可还是拖累班集体，一次次受到班主任的'公开表扬'。我的努力都白费了，没希望了，我真的累了……"很显然，该班主任评价孩子的方法是计算长度而不计算台阶数。其实，孩子们每攀登一个台阶，就是一次跨越，就是上进心的真实表现。我们有时过多地关注结果却忽略了过程，而这个过程，正是孩子们进取心成长的过程。

（刘洪华 / 山东省临邑县第二中学）

第四，上进心往往与道德无关。对于那些看上去不求上进、得过且过的学生，不少老师往往会习惯性地给他们贴上"不想学习"、"认识不到学习的重要性"、"思想复杂"等标签。其实，学生的一些问题常常不属于认识问题、道德问题，而是心理问题或者能力问题。还有一部分学生，表面上看不思进取、自由散漫，实际上他们的上进心并未完全丧失，只是想得到却做不到，是语言的巨人、行动的矮子，这也是心理问题而非道德问题。

（刘相国　王振华 / 山东省昌乐县第一中学，

裴媛 / 湖北省宜都市外国语学校）

第五，不爱学习并非不上进。没有上进心和不爱学习是两个概念。作为老师，我们应认识到学习只是孩子生活的一部分。有的孩子在学习成绩方面比较差，教师就贴上"没有上进心"的标签，其实这些孩子在其他方面不一定差。老师不能因为孩子学习成绩落后就把孩子看得一无是处，整天训斥他们"没有上进心"，或仅以分数这把尺子衡量他们的上进心。提高孩子的学习成绩固然重要，但我们更应该为孩子一生的幸福着想，应该注意培养孩子健全的人格，在孩子的生活理想、志向水平、未来责任、学习态度、学习兴趣和学习习惯上下功夫。这样不仅可以使孩子在眼前的学习上获得自信心，而且可以为其将来获得人生的更大成功做准备。

（林喜红 / 福建省安溪县官桥镇驷岭小学）

第六，每个人都有自己的成才之路。学生都想学习好、表现好，这是他们内心一种上进的力量。但是，由于每个学生在知识基础、个性特征等方面存在差异，其成才道路和方向不尽相同。现在不少家长、老师出于功利化等目的，逼迫孩子放弃个人爱好和兴趣，一味追求所谓的"阳光大道"。殊不知，正是这条路，让无数孩子过早地给自己的未来做了"定论"，上进心便随之"灰飞烟灭"。如果教育者总是着眼于改进学生的短处，他们就会觉得力不从心，越发不想上进。如果我们转换角度，使他们扬长避短，他们就可能觉得自己能行，就会产生积极上进的愿望，从而逐步走上适合他们自己特点的成才之路。

（张富群 / 陕西省丹凤中学，刘洪华 / 山东省临邑县第二中学）

三、三句"箴言"让上进心回归

（一）箴言一：赏识引导

第一，不吝赞赏。青少年自我形象的确立是受外界暗示的。如果我们常常赞扬他们，用微笑的表情和欣赏的语气去鼓励他们，他们受这些积极暗示的影响，就会更加追求上进。因此，在与学生的交流中，我们不要吝啬鼓励性的语言，如"你进步了"、"祝贺你"、"棒极了"或者一些表示欣赏和亲昵的肢体动作，这些看似简单的言行，却可以给学生一种极大的鼓舞。对于一些缺乏上进心的学生，班主任不妨多渠道收集他们的优缺点，抓住其闪光点，利用班会、家长会等交流平台，对其充分肯定，让其在大家的尊重中体验到人生的价值，重新找回自信与自尊，找回自我，找回上进心。

（王仁蔚 / 四川省江油市材料所子弟学校，

刘美英 / 内蒙古自治区鄂尔多斯市东胜区第一小学，

刘启强 张海玲 / 山东省寿光市台头镇第一初级中学）

第二，识微知著。对于因为家境优裕而被娇惯纵容导致缺乏上进心的学生，除了及时有效地和学生家长进行交流沟通、引导家长走出家庭教育的误区外，让学生从小事做起，从学习之外的事情做起，进而培养他们对自己负责、对他人负责的责任感，可以有效地激发和增强其上进心。比如，安排一些整理教室卫生工具、书橱以及开窗、关灯之类的事，来培养他们动手的习惯和服务大家的责任意识。总之，让学生从为点滴行为负责去思考和确立做人做事的大目标，他们就自然会在学习生活中有上进心了。

（刘相国　王振华／山东省昌乐县第一中学，

郭彩虹／北京市西城外国语学校）

第三，引入竞争。实验证明：在有适度竞争的集体环境中，每个成员都倾向于提高活动与学习的效率。适度竞争是学生追求上进的动力。①鼓励学生正确、充分地表现自我，尤其是在课堂上。②号召每个老师经常地、明确地、客观地评价学生。③在班里的适当位置张贴学生的学习心得、课堂明星、个人读书月计划及自我评价等。当然，引入竞争的同时要妥善处理好竞争与合作的关系，要强调大家好了每个人就会更好，避免上进心强的学生和缺乏上进心的学生相互产生抵触情绪，更要避免恶性竞争。

（刘喜娣／河北省高阳县边渡口中学，王云海／云南省会泽县第四中学）

第四，积极疏导。教师之间、师生之间、生生之间的情绪（尤其是不良情绪）都可以通过语言、动作、表情等互相传染。教师责任心的强弱和教学情绪的好坏，直接影响学生的学习情绪，进而影响学生的上进心。因此，要让学生有上进心，教师特别是班主任首先就要以饱满的热情面对学生；发现某个学生有厌学或其他消极情绪，要及时疏导，避免不良情绪扩散、传染给其他同学。同时还要告诫学生，尽可能多地与积极乐观、上进心强的人相处。

（王云海／云南省会泽县第四中学）

（二）箴言二：小步慢行

第一，缩小目标。根据最近发展区理论，要想让学生保持学习热情，就要使其先确立一个可以实现的小目标。我在每学期开学的第一天，就让学生确定自己的阶段学习目标和追赶的同学姓名，将之张贴在班级宣传栏内，互相监督，互相竞争。期中考试后，再让学生根据自己的情况重新确立目标，使他们始终保持着你追我赶、不断进取的学习热情。需要注意的是，对于基础较差的学生，千万不能急于求成，可以先定一个小目标，让学生通过努力能够实现目标，获得成功的快乐，然后再不断提高要求，使之一点点进步。

（夏发祥／安徽省合肥市第四十七中学，

俞亚辉／江苏省江阴市暨阳中学）

第二，步步为"赢"。面对缺乏上进心、学习热情低的学生，班主任不妨为其订立一个步步为"赢"的帮扶计划。比如，以他喜欢读的书为引子，首先将其注意力转移到阅读上来，然后逐渐向他推荐一些能对人产生积极作用的精品书，并建议他将自己喜欢的片段记录下来，慢慢培养其学习、阅读的兴趣。类似的有计划、有步骤的帮扶措施，会使学生渐渐地爱上学习。我对学生小聪进行了一步步的阅读训练后，他爱上了读书，学习兴趣大增，上进心也有了较大程度的提升。

（刘启强　张海玲／山东省寿光市台头镇第一初级中学，

刘喜娣／河北省高阳县边渡口中学）

第三，慢补基础。学生上进心的丢失在很大程度上是因为成绩跟不上而丧失了前进的力量。对这样的孩子，不是简单的批评或表扬就可以解决问题的，因为他们面临的是很大的困难和挑战。既要补上原来的知识漏洞，还要学习新知识；旧知识没掌握好又会导致新知识听不懂，这更让他们灰心丧气。因此教师、家长要有耐心，和孩子一起分析问题出在哪儿，双方携手帮助孩子从基础知识开始补，一点点把漏洞补上。要有打"持久战"的心理准备，不怕慢，帮助孩子一点点补基础，一点点进步，这样才有可能把孩子丢失的上进心找回来。

（陈霞／河南省孟州市职业中等专业学校）

第四，理想先行。我们班每周的德育课都有一个激情宣誓环节，全体学生起立激情饱满地喊出誓言。誓词是向学生征集来的，学生写誓词的过程也是自我激励的过程。每两周进行一次励志演讲，班级各小组轮流主持。这种不间断的宣誓、演讲活动，能够激发学生内心深处的积极情感，促使学生保持高昂的进取心，为学生提供持续的精神动力。此外，在班级文化墙上，我让学生写下自己的理想和目标，让学生时时得到感召和提醒，从而保持积极进取的心态。除了老师监督之外，我还让学生互相监督，以免滋生懒散颓废思想。

（陈洪昌／山东省菏泽市第一中学）

（三）箴言三：长善救失

第一，发现特长。平时在与孩子们的交流中，我总是有意发现孩子的特长。如有音乐天分的、会演讲的、体育方面优秀的、会打乒乓球的、会下象棋的，等等。在教育教学中，我经常利用个别孩子的特长来鼓励其他孩子也寻找自己的闪光点，并鼓励他们：只要能发现自己的闪光点，并将其放大，时间长了，就会发现自己越来越出众，越来越优秀。作为老师，我们要用心去观察，针对孩子们的个性特长，给以适时恰当的引导和鼓励，这样不但能唤起他们的上进心，还能激发他们的学习兴趣，发挥他们的潜能。

（王金凤／江苏省铜山县张集镇魏集实验小学）

第二，善用榜样。我注意创造一切机会，举办各种活动，让学生在榜样的影响下、在活动的体验中明理上进。我曾经邀请已升入名牌大学的三个学生来和学弟学妹们交流，取得了较好的效果。一名学生在周记中写道："在与学长真诚热情的交流中，我坚定了考入名牌大学的信念，更懂得了勤奋刻苦是实现梦想的必由之路，也从他们身上获得了强大的精神动力。"我还邀请出类拔萃的家长为学生做报告，他们以自己的亲身经历告诉学生该如何面对学习和生活。这些都是极有价值的教育资源。

（陈洪昌／山东省菏泽市第一中学）

第三，多方救助。教育缺乏上进心的学生，单靠班主任的力量是不够的，应充分调动起家长、科任老师、班级成员等多方面的力量，对教育对象进行全方位、立体式教育。建立教育网络可以长期、多方面地对这一类学生进行教育。生活在班集体中，学生之间的相互影响是巨大的，可以在班级中开展"比、学、赶、帮、超"活动，成立自主学习互助小组，使各层次学生合理搭配，帮助他们订出目标、计划及考核办法，这样也能促使缺乏上进心的学生转化。

（陈瑞红 / 河南省内黄县田市镇第一初级中学，
赵桂臻 / 山东省诸城市府前街小学）

第四，力防失学。各种各样的负面信息经常干扰学生的内心，使其对学习产生一些不正确的认识，甚至打算放弃学业，这时我们就要及时帮助学生澄清认识。寒假后，学生小张明显变得懒散，学习不用功。原来他的表哥大学毕业一年多仍没找到称心的工作，而同村那些未上大学的同龄人在外打工却腰包鼓鼓。这种对比反差让他产生了辍学打工的想法，于是我及时和他谈了求学对人生的意义以及社会发展需要真正的人才等。近一个小时的谈话，终于使他的困惑、疑虑得以消解，并使他重新振作起来。

（陈洪昌 / 山东省菏泽市第一中学）

 教师要在主导性上下功夫

严格地说，如果没有进入素质教育的轨道，就永远没有真正的上进心。那些单纯追求升学率、牺牲全面发展而表现出来的"成了考试机器"的上进心，反而是民族的悲哀。全面实施素质教育，可能是一个需要长期奋斗的曲折过程，因此，探讨上进心的问题，只有始终不离开素质教育这个基础才有价值。在这个基础上，我对下述两个问题提出自己不成熟的看法，参与讨论。

（一）教师不同的主导，会对学生的上进心产生不同影响

学生发展变化的根本原因在内部，第二位原因在外部。在每个学生的内心世界里，既有积极与消极的矛盾、自立与依赖的矛盾，也有勤奋与懒惰的矛盾。当外部条件是健康的，有助于启发、引导学生自我教育时，学生就会激发出积极、自立和勤奋的情绪与态度；而外部条件不健康，溺爱

或包办过多时，学生们的依赖和懒惰情绪就顺势而生；压制、凶暴过多时，自卑或反抗终会出现。

学生虽然是教育的主体，但是尚未成熟，主观能动性十分有限。如果环境极端恶劣，他们只能被外部条件摆布，此时往往是外因起了决定作用。

教育也是双刃剑，既可以把学生培养好，又可以把学生摧残坏，就是因为在一定条件下教育者既是外因，又是可以对学生发展方向起主导作用的力量。

1. 教育者主导的动机影响学生的上进心

在调动学生的上进心时，教育者自己的动机非常重要。因为一个人的需要和动力是在和周围世界积极相互作用的过程中形成的。学生的动力，不仅受到他自己内心因素的影响，也受到外部因素（包括家庭、学校和社会）的影响。

榜样的力量是无穷的，尤其对于成长中的中小学生而言。当教师抱着"一切为了孩子"的强烈动机，兢兢业业地做好教育工作的时候，他的人格魅力对学生的上进心必将产生巨大、持久的影响。正像苏霍姆林斯基说的："教师的人格是进行教育的基石。教育工作中所实施的一切——观点、信念、理想、世界观、兴趣、爱好等等的形成，都在教师的人格这个焦点上汇合。社会上各种政治的、道德的、审美的思想、真理和观点，都会在教师身上反映出来。而所有这一切，又都将通过教师个人世界反映在学生身上，并在学生身上得到更高基础上的再现。"

如果教师抱着"做一天和尚撞一天钟"的消极态度工作，或者督促学生学习是为了自己的"业绩"，调动学生的上进心是为了"圆自己未圆的梦"，为了与别人攀比，那么，教师把这种自私的动机强加在学生身上，不仅无助于提高学生的上进心，而且会在人生教育上给学生树立一个坏榜样。

2. 教育者主导的内容影响学生的上进心

教师的动机，必然决定主导的内容，并进一步影响学生上进心的方向。

当前主要问题表现在两个方面。

一是"全面发展",还是"重智轻德、轻体"。国家真正需要的人才、成功的人生必须是德智体美全面发展的。林喜红老师说得好:"提高孩子的学习成绩固然重要,但我们更应该为孩子一生的幸福着想,应该注意培养孩子健全的人格,在孩子的生活理想、志向水平、未来责任、学习态度、学习兴趣和学习习惯上下功夫。这样不仅可以使孩子在眼前的学习上获得自信心,而且可以为其将来获得人生的更大成功做准备。"

二是"强调努力",还是"只盯分数"。刘洪华老师指出:"孩子们每攀登一个台阶,就是一次跨越,就是上进心的真实表现。我们有时过多地关注结果却忽略了过程,而这个过程,正是孩子们进取心成长的过程。"

如果教师能够看到学生学习的过程而不只是结果,看到学生投入努力的同时还能看到部分成功,而且对失败的学生"放大进步和成功的信号,增强学生内在的积极体验",那么在这样的主导下,学生的上进心总会被调动出来。

这样做的目的,不仅是激发学生的学习积极性,更重要的是促进学生自我发展,使之成为真正的主体。

3.教育者主导的方法影响学生的上进心

教育者在方法上体现主导作用,它的特征是——教师在坚守"外因"立场的前提下,主动地、负责任地采取以下五种方法发挥主导作用:发现学生的潜能;挖掘学生的潜能;激发学生进行自我教育;及时进行评价反馈;根据受教育者的情况,提供条件进行推动与引导。

主导方法中最关键的是恰当的评价。学生"主要从老师的鼓励性评价中感受学习的乐趣和自我的价值"。学生之所以更喜欢评语式的评价,而不是冷冰冰的分数,是因为评语式的评价既能够维护自我形象,又能够指点具体的学习方式。

通过评价,教师要帮助学生体验到自己的力量,感到"我能行",并通过自我实现使上进心持久发展。当然,正如钟杰老师所强调的,调动学生的上进心,不能止于精神鼓励,还应该有解决实际问题的技术帮扶。

（二）调动不同年龄学生的上进心，要用不同方法

人的动力系统一般是由情感系统、认知系统和意志系统交叉作用而成，而自我意识则是它的核心，不同年龄学生的动力大小和他自我意识水平的高低密切相关。

在基础教育范围内，根据人的自我意识的发展，学生的成长大致可分为三个不同的重要阶段：少年期之前（即小学高年级之前）的"早期"、高二之后的"成熟期"和这两个阶段之间的"转折时期"。

在基础教育阶段，学生的主要任务是学习——这个学习并不是单纯的知识学习，而是指德智体美全方位的学习，因此，学生的人生动力、上进心，也主要表现为学习动力。

作为逐渐成熟的学生，他对人生意义的理解，他的学习动机和人格也在不断发展。因此要培养学生的人生理想，培养强烈的学习动机和优秀的人格，也要根据年龄特点逐步进行。

在这三个时期如何根据年龄特点抓教育，有一个简单、生动的说法——早期，抓小不抓大；成熟期，抓大不抓小；转折时期，大小一起抓。

1. 学生早期的学习动力

在少年期之前，即幼儿阶段，小学低年级、中年级阶段，是学习打基础的时期。教育者应该从保护和培养学生的好奇心、积极向上的情感和良好的习惯开始，形成初步的动力，并在实践中获得成功感，不断提升学习动力。

好奇心：学生天生是个学习者，表现在他对什么都感兴趣，愿意探索。教育者的任务是发现他的好奇心，保护并引导他的好奇心的发展。

我国特别需要从小就迷恋某件事情的人。事实上，这样的人本来并不少，例如，从小迷恋昆虫、迷恋武器、迷恋汽车的大有人在，可惜在成人不恰当的干预下，这种迷恋逐步消逝。美国幼儿教育规定的四项任务是探索、责任心、日常生活能力、游戏。我以为，这和他们创造性人才比较多可能有密切关系，值得我们反思。

阅读对兴趣的形成具有重要意义，通过阅读不但可以满足一定的好奇

心，而且可以激发更多的兴趣，开始更深、更广的探索。早期学生的阅读，处在第一阶段，即阅读图画期（4—6岁），第二阶段是阅读传说期（6—8岁），第三阶段是阅读童话期（8—10岁）。

积极向上的情感：有经验的教育者都知道，学生在情绪高涨的时候学习效果最突出。除了对学习内容的强烈兴趣、爱好之外，和老师、家长、同学愉快的交往也会促进学习的积极性。有些教育者一方面希望学生有学习的积极性，另一方面又在学生学习的时候斥责、批评，甚至动武，学生处在"躲避飞机轰炸"的心态中，怎么可能出现高涨的学习积极性？这是教育者自己摧毁了自己的希望。

当然，最主要的还是自信心。自信心的树立一方面要靠"重要他人（老师、家长）"对他的客观、准确的评价；同时还要引导学生通过自己的实践、体验，看到自己的进步，产生自信心。

良好的习惯：学习是一种复杂的脑力劳动，如果没有形成良好的学习习惯，学习起来处处不顺手，时时有困难，更没有余力去进行创造，当然就不会感受到乐趣，于是学习成了苦差事。而培养良好习惯的时机在早期。学生在早期许多事情都是人生的第一次，没有旧的干扰，没有心理负担，甚至像做游戏一样就把习惯养成。良好习惯一旦养成，就能使学生获得更多的成功，成就感越来越多，学习动力也就会越来越强。

如果不注意培养学生的良好习惯，不良的习惯就自然而然地形成。在后天缺乏正确教育的情况下，高级动物本能的负面因素（如自私、懒惰、依赖）会成为不良习惯的基础。

在培养这些品质的过程中，教育者应该注意学生的年龄特点。有的研究发现小学生有"三强三弱"的特点：可塑性强，自控力弱；模仿性强，鉴别力弱；上进心强，持久力弱。小学教育如果善于扬强补弱，效果可能会更好。

这个阶段的所谓"抓小不抓大"，并不是放弃理想、信念这些重要内容的教育，而是要把这些重大的、高级意识形态的内容，变成低龄学生能够理解、接受的具体的行为习惯和情感培养，实实在在地打好基础。

2.转折时期的学习动力

学习动力的产生、发展大致呈现这样一种顺序：欲望、兴趣；"重要他人"的鼓励与要求；自我价值的追求，从表面价值提高为长远价值（成就感、人生价值）。

少年期之前，学生还没有真正的自我意识，因此也谈不上正确的自我价值追求（即真正的自尊心）。但是到了少年期，也就是进入小学高年级之后，学生发展了自我意识，就会把原来的一般认识，经过自己的分析，认定哪些对自己有意义、有价值，然后变成自己的追求。

这个阶段是非常重要的，是自觉性产生的关键时期。所以，这个时候教育者不能再像早期那样满足于好奇心、情感和习惯的培养，而应转入对内部动力的培养。有一位教育家说过："一个平庸的教师奉送真理，一个好教师则教人发现真理。"当然，相对来说，这是基础教育一个比较困难的时期。

当学生对自己有了正确的期望，又对自己的现实有了正确的认识时，他的进步才能是稳步的。而对自己产生过高、过低的期望，或者对自己的现实情况有过高、过低的认识，都可能导致学生形成一种自己不易察觉的心理定式。有的顽固地认为自己不可能成功；有的则相反，顽固地认为自己不可能失败。

帮助学生调整目标，在一个时期暂时降低或者提高一些标准，应该是教育者承担的任务。从长远看，只有这样才有助于学生不断积极进取，稳步前进。

转折时期的学生，逐渐不满足于表面的、直接的兴趣，而是开始对事物发展的原因、结果，内部、外部的复杂联系感兴趣，这种变化有助于他们的认识逐渐走向全面、深刻。

他们会从追求表面价值（如分数、虚荣心），慢慢走向追求长远价值（如素质发展、为人类做贡献）的成熟期。

转折时期的学生，如果在动机和效果的关系方面认识不够，也会影响他们的积极性。良好的动机并不一定直接得到良好的效果。不同的基础、不同的方法和不同的机遇，都可能使最后的效果出现复杂情况。所以，在这个时期不仅要培养他们正确的认识方法，而且要培养他们抗挫折的品质。

相应地，转折时期的学生处在阅读最盛的时期（有研究认为阅读最盛的时期是 9—13 岁）。他们进入了读现实故事期（10—15 岁），他们想从对现实生活的描绘中获得间接的社会经验；他们进入了读文学作品期（15—17岁），他们想从文学作品中挖掘社会内在的东西。帮助学生选择读书和各种传媒的内容，引导他们将这些信息通过批判、加工而内化，应该是这个时期的重要任务。

转折时期的最大困难，在于学生是全面的不成熟，生理、心理的多种矛盾同时产生，而且个体差异比较大。但是教育者必须尽可能付出力量和智慧，因为这个时期又是学生真正成为人的奠基期。

之所以说转折时期"大小一起抓"，就是因为早期的求知欲、情感、习惯的培养不同程度地还没有完成，需要补课、砸实；而长远的、根本性的理想、信念的教育也必须提到日程上来。

3. 成熟期的学习动力

一般要到高中一二年级以后，多数学生才能逐渐进入学习动力的成熟时期。这个时期他们的人生观、世界观逐渐形成，已经能够意识到学习是自己人生的需要。舞蹈家资华筠曾形象地说"我因饥渴而学习"。这时学生的学习往往比较自觉，效果突出。正像演员、导演徐静蕾曾发表的感想："一个人在需要学习的时候再学习，能学到很多东西。"

青年时期的阅读虽然数量比转折时期逐渐减少，但是"年龄越增长，选择力越强，感受性和理解力越敏锐，阅读质量在提高"。

这个时候，由于目的端正，意志力也就逐渐坚强起来。他们能够辩证地认识到"人比山高，脚比路长"。

到了这个时期，教育者的主导任务是"抓大不抓小"。对于学生的人生态度，价值取向，信念的正确与否，追求、向往的水平是否逐步增高这些大问题，应该十分重视，抓住不放；而对于生活习惯等细节，则靠他们在正确人生态度、价值取向的基础上，根据他们自己的个性去规范，教育者不应该再唠叨个没完。

（冉乃彦／北京市教育科学研究院副研究员，

中国家庭文化研究会常务理事）

学生经常不完成作业，怎么办？

> 每个班里几乎都有一两个"作业困难大户"，他们还常常引得一些不自觉的学生"仿效"，让老师"法不责众"。这使得班主任在"追缴"作业上耗费了大量的时间和精力。对于这样的学生，我们该怎么办呢？
>
> ——河南·万斌

一、关于"老赖"的一个多选题

不交作业的"老赖"，问题出在哪儿

1．"生源性"：学生自身有问题

第一，懒惰贪玩，不想做。不完成作业"历史悠久"的学生多属于这种类型。在刚刚上学时，孩子可能因为年幼贪玩，家长和教师又没能及时帮助他们养成良好的学习习惯，使其对学习丧失了兴趣。因此，这类学生往往上课不专心听讲，从心里就不愿写作业，作业也很难记清；即使他们知道应该写作业，但自控力差，容易受到体育活动、游戏、网络、电视等的诱惑，常常是放学后先玩够了再不情愿地去写作业，写不完就干脆不写了。因为懒惰贪玩不愿意写作业，而造成学习困难，成绩下降，如此恶性循环，不完成作业就成了家常便饭。

（徐名松／北京市第十七中学，
常爱平／北京市平谷区后北官小学）

第二，学习困难，不会做。这类学生想完成作业，但学习基础不扎实。

随着课业负担的加重，有些课对他们而言就像在听天书，更不要说写作业了。这类学生会有抄袭作业的现象，表明他们知道不完成作业不对，但又没有能力独立完成。他们因为长期学习困难产生了畏难情绪，甚至对学习失去了信心和兴趣，产生了心理障碍。

（全建华/福建省宁德市民族中学，徐名松/北京市第十七中学）

第三，习惯不佳，不易做。有些学生没有良好的学习习惯和高效的学习方法，作业量稍大一点儿，就应付不过来。这类学生往往做作业效率低、速度慢：有的学生本身书写速度慢；有的学生做作业时注意力不集中，有点儿风吹草动就会转移目标；有的学生不会合理安排时间，拖沓磨蹭，前松后紧；还有的学生学习方式方法不当，不能把课堂所学的知识运用到作业中，导致半天也做不了几道题。

（吕久君/河南省焦作市人民中学）

第四，有点儿想法，不愿做。有个别学生理解能力、知识掌握能力都不错，学习成绩也不错，可以说不存在学习困难。但是他们却经常出现不完成作业的情况，原因是他们认为老师布置的作业自己早都会了，做不做一样。也有些学生因为对某个科任教师有意见，对其布置的作业产生抵触情绪而拒绝完成。

（全建华/福建省宁德市民族中学，徐名松/北京市第十七中学）

2．"师源性"：作业布置不合理

第一，作业过多。在应试的压力下，为了让学生取得各方满意的成绩，语文、数学、英语等主科每天都有作业，中学的科目更多，每科老师都觉得自己留的作业不多，可这些作业加起来，数量便可观了。还有的老师教学方式落后，不向课堂45分钟要质量，一味期望通过大量的课外作业来提高成绩。这样一来，孩子们顾此失彼，或者厚此薄彼，最终哪科作业都完成不好。

（王淑伶/北京市平谷区后北官小学）

第二，形式单一。不少教师布置作业就是为了加强对基础知识的巩固，作业内容往往是单一的抄写或大量简单的计算。学生对这样的作业感到枯燥无味，做作业的目的就是应付老师的检查，因而做作业时根本提不起兴趣，或者敷衍了事、马马虎虎；或者不愿去做，因而不能按时完成。

（陈松彦／河南省尉氏县第三中学北校区）

第三，缺乏层次。很多老师留的作业都是"千人一业"——对所有学生布置同样的题目，缺乏层次性。这必然会导致一部分学习基础差或能力弱的学生无法完成作业。这样的作业不仅加深了学困生对学习的恐惧和挫败感，也磨灭了学优生对作业的兴趣，从而使其加入不完成作业的队伍中。

（王姗／河北省石家庄市第二中学，
李伟／山东省枣庄市峄城区底阁镇中学）

第四，忽视反馈。部分老师面对学生的作业，只是用简单的对和错进行评判；还有的老师只写上一个"阅"字加上日期完事，在班里也缺乏必要的评价。这样长期下去，学生会感到做作业没意思，久而久之，就不能按时完成作业了。也有的教师不能及时批改作业，或者不了解学生交作业的情况，即使了解到有问题也不能一抓到底。这让有些学生产生投机心理，认为老师管得不严，于是"跟风"不交作业，甚至一起约定不完成某科作业，制造多数学生没完成作业、老师"法不责众"的局面。

（陈松彦／河南省尉氏县第三中学北校区，
阳照东／湖南省衡阳市第二十六中学，
李红波／河北省保定市第三中学）

3."家源性"：家长监管出纰漏

第一，未能尽责的"第一任老师"。有的父母工作忙，应酬多，平时回家晚，周末也难有时间督促检查孩子作业；有的孩子长期生活在爷爷奶奶家，老人精力有限，无力督促孩子学习；也有少数家长认为孩子学习、写作业是学校老师该管的事，放弃了家长应尽的职责。这些因素导致部分孩子从小就处于监管真空状态，没有形成良好的学习习惯，加上自制力薄弱，因而作业无法按时完成。

（吕久君／河南省焦作市人民中学，朱庆丰／河南省安阳市新世纪中学）

第二，适得其反的另一个极端。有的家长对孩子的学习非常重视，急于提高孩子的成绩，要求孩子一进家门就写作业，写完作业也要复习，或者做家长布置的作业；不许孩子出去玩，更不许上网、看电视、看课外书，等等。这类家长走向了另一个极端，他们漠视孩子的其他需求，使孩子的生活枯燥乏味，长此以往，孩子就会厌烦学习，磨洋工似的写作业，甚至不完成作业。

（朱庆丰 / 河南省安阳市新世纪中学）

第三，不良的家庭学习环境。小胖最近作业完成情况很不好，为了了解情况，我给他家里打了电话。电话接通后，我还未张口，就听到从小胖家传来的开得很大的电视声音。我以为是小胖在看电视，没想到家长说是大人在看。还有一些家庭晚间麻将声、打扑克的叫喊声不断，以致孩子难以集中注意力学习、做作业。缺乏较好的家庭学习环境，孩子的学习一定会受到影响。

（陈占国 / 北京市平谷区后北官小学）

二、关于作业的N道判断题

（一）如何布置作业

（×）你做或不做，作业都在那里，不变不减。

（√）作业要有自主性、选择性。相对于那些千篇一律、机械识记的作业而言，自主性作业尊重学生的意愿，更能激发他们做作业的自觉性和积极性。学生可以根据自己的喜好和实际情况选择合适的作业内容，自主确定作业的形式。如语文课，学完一篇课文，对善于朗诵的学生，让其声情并茂地朗诵是作业；对记忆力好的学生，让其背诵一段课文是作业；对能写一手好字的学生，请他抄一遍文章张贴在教室墙上是作业；对善于思考、爱好写作的学生，让其写出一篇佳作也是作业。还可以把作业分为必做的和选做的，既可以保证学习质量，又可以培养学生不同的能力。

（吕久君 / 河南省焦作市人民中学，洪丰乔 / 安徽省舒城县龙河中学）

（✓）作业要有多样性、变化性。作业可以是总结性的，也可以是习题式、阅读式、预习式的；可以是手写的，也可以是电子版的；可以是常规作业，也可以是活动性作业（如课堂参与、研究性学习、社会调查或实践、辩论演讲或表演等）。既要有当堂或当天完成的短期作业，又可有几天甚至一学期需要一定时间观察思考完成的长期作业。这些多样化的作业既有助于学生消化巩固知识，又可培养综合能力，更能调动学生的学习积极性。这时候，作业就不再是负担，而是展示自我的一种载体。

（李建英 / 甘肃省武威市凉州区黄羊镇广场中学，

许东 / 安徽省铜陵县第一中学）

（✓）作业要有趣味性、创造性。学生的自制力不强，做事常常不是从需要出发，而是凭兴趣而定。因此，要在"趣"上下功夫。在设计作业时，要让学生在创造性的活动中增强知识和能力。如语文学科，可以是配乐诵读、搜集资料、调查访问等；数学学科，可以让孩子进行课外测量、数学调查，搜集数学故事等；英语学科，可以让孩子自制词典、编写儿歌等。即使布置机械识记的作业也要尽量为其披上一件"糖衣"，诱发学生们对作业产生冲动，从而自觉地完成。

（吕久君 / 河南省焦作市人民中学，

胡凯 / 湖北省武汉市黄陂区前川街第五小学）

（✓）作业要科学化，差异化。苏霍姆林斯基曾提醒教师可以在班级布置好几种不同形式的作业，培养学生独立思考的能力。他还说如果教师不给某些学生布置特殊的作业，那就说明他没有考查每一个学生的能力。因此教师应该研究学生，研究教材，分层布置作业，使每一个层次的学生都有适合自己的作业。这样，可以在减少空耗的同时，有利于学生学习习惯以及自信心的培养。

（陈宝利 / 江苏省连云港市西苑中学，

庄华涛 / 安徽省芜湖县陶辛镇保沙中心学校）

（✓）作业要精练化，高质化。如果作业题量过多，题目过难，易使学生产生厌烦心理，消极应对，导致作业效能低下。因此教师布置作业时，宁肯自己多费事，先跳进"题海"选题、做题，也不要让学生做废题。抑或是发挥集体教研的作用，从题库中选择经典习题，发挥"以一抵十"的作用。总之，在设计作业时，必须确保一题对应一个教学目的、一项对准一个训练点，真正从微观上控制作业的总量。精练而高质的作业，其重要性与备好课是等同的。并且，向课堂教学要质量才是减轻学生负担的同时保证教学效果的根本。

（王玉海／河北省玉田县林南仓中学，
吕久君／河南省焦作市人民中学）

（二）如何批改作业

（×）你做好或做坏，分数都在那里，不评不议。

（√）有布置必有检查。无论是平时作业还是假期作业，无论是书面还是其他形式的作业，只要布置了作业，就要按时检查学生的完成情况。通过小组长普查、课代表定向抽查、教师随机抽查等多重作业检查体系，切实摸清作业完成的实际情况，不让"企图漏网的侥幸分子"有可乘之机。应做到检查及时、到位，及时总结通报作业完成情况、存在问题，让作业认真及时完成的学生得到应有的表扬，发挥榜样示范作用；对于没能按时完成、作业质量不高的学生要及时处理，从而起到一定的警示作用。

（王坤业／江苏省淮安市洪泽县共和中学）

（√）批改作业须认真及时。有的学生写作业的热情不高，与一些老师没有及时认真批改有关。教师如不能及时认真批改作业，就无法掌握学生学习的真实情况，不能及时指导学生、纠正出现的问题，也就无法切实有效地开展后续的教学工作。那么不论多么精彩的课堂教学、多么科学的作业设计也会化为泡影。

（王玉海／河北省玉田县林南仓中学，
胡凯／湖北省武汉市黄陂区前川街第五小学）

（√）不要小看批语的作用。不少老师在批改作业时仅打个等第和日期，或者干脆只写个"阅"；而一些有经验的老师在批改作业时，不光指出错误，往往还会附带一两句话，对作业做一个简要评析。"一字值千金"这句话用在作业批语上一点儿不为过。肯定性批语能让学生心情愉快、学习劲头增强；提醒敦促性质的批语也能让学生明白老师的期待和关注。教师在批语上多动动手，就可以在很大程度上提高学生对作业的重视程度。

（董显峰 / 内蒙古自治区赤峰市喀喇沁旗西桥镇中心学校，

陈宝利 / 江苏省连云港市西苑中学）

（✓）鼓励为主，多元评价作业。面对学生尽力去完成的作业，老师应当尽量从正面加以评价，对出现的问题则应以鼓励的方式加以指导，从而树立学生的自信心，巩固其学习兴趣与热情。而且，教师设计的丰富多彩的作业，需要全面多元的评价方式与之相配，如从学生作业的态度、作业的构思、作业的准确率、作业过程的创新等方面分别给予评价。

（胡凯 / 湖北省武汉市黄陂区前川街第五小学）

（✓）重视作业的讲评与展示。作为教学的一个重要环节，教师要重视每一次作业的利用。无论用时长短，教师都应该在班里做个讲评，展示优质作业，分析常见错误，并让学生在讲评的基础上及时改正错误，真正让每一次作业发挥作用。有经验的老师经常把学生作业当成作品一样展示，并建议学生收藏自己的作业本。有的学校甚至还将学生的作业装订成册，作为资料存放于图书馆。如此一来，学生自然会重视作业，珍视自己的劳动成果。

（董显峰 / 内蒙古自治区赤峰市喀喇沁旗西桥镇中心学校，

陈宝利 / 江苏省连云港市西苑中学）

（三）如何对待"老赖"

（✓）你交或不交，我的心都在那里，不舍不弃。

（✓）布置作业特殊照顾。对特殊学生可少布置作业或布置特殊的作业，然后逐渐加量；对基础较差的学生或学习方法欠佳的学生，老师可以精心筛选、设计弹性作业，让他们做专项性、模仿性作业，体验作业成功的乐趣，从而提高学习兴趣。在保证作业质量后，逐渐使他们与其他学生的作业同步同量。

（李建英 / 甘肃省武威市凉州区黄羊镇广场中学）

（√）主动伸出援助之手。教师布置作业时，对不爱完成作业的学生要主动关心。如问："今天的作业记住了吗？有困难吗？"可适当检查他们记录作业的情况，特别交代清楚目的和要求，也可以让他们先陈述该怎么做，激发他们开动脑筋，积极思考。同时，给予切实帮扶，如，授以方法，强调作业之前先复习的必要性，以养成良好的学习习惯；知识补充，对有些题目用到的旧知识点，老师要给予适当提示，为学生扫除障碍。此外，如果老师的精力许可，可以有针对性地对部分学生给予单独辅导，那样效果会更好，或者让合适的学生与其结成帮扶对子，发挥互助作用。

（李建英／甘肃省武威市凉州区黄羊镇广场中学，

蔡寿／甘肃省武威市凉州区永昌镇和寨九年制学校）

（√）当面批阅并多加鼓励。班主任可以与其他教师达成共识，为学困生当面批阅作业。尤其要注意不能一看到学生的作业没做完，就不批阅，转而批评他不完成作业。要做到：他做一道题就认真地给他批改一道题，做两道题就认真地批改两道题……在当面批改中，指出有知识性错误的同时，多挑其作业中的优点，适当表扬和鼓励。同时在班里也充分肯定其付出的努力，让学生在增强信心的同时，感到教师对他的关爱和期望。

（马兆琪／山东省滕州市滨湖镇望重中学，

田忠美／山东省滕州市北辛街道中心小学）

（√）适时给予适当的惩罚。对长期不完成作业的学生，给予批评甚至"惩罚"是必要的，但惩罚一定要有度，错一罚十或罚百的做法很容易造成学生的厌学行为。国外可供借鉴的做法是：①不接受学生不做作业的任何理由，家庭作业完成后才离开学校。②选定一天为"补作业日"。让拖欠作业的学生都必须在放学后留下来和老师一起完成作业。③一个星期将有2—3次小测验，直接与家庭作业有关，以提高学生独立完成作业的积极性。国内有经验的老师提出：凡不做作业者，过后做两遍，一遍独立完成，另一遍一边做给老师看一边讲解做题思路，后者有一定难度，既可以达到惩罚的目的，又可以提高学生的作业能力，一些怕麻烦的学生会逐步减少不做作业的次数。

（李建英／甘肃省武威市凉州区黄羊镇广场中学）

（✓）要争取家长的大力协助。对于经常不完成作业的孩子，老师有责任告知家长，让家长了解情况，并就作业问题经常联系，争取家长的协助和支持。同时要让每位家长知道，家长的教育方式和家庭环境会对孩子产生潜移默化的影响；让家长尽力为孩子创造有利于安心学习的氛围，并着重培养孩子良好的学习习惯。

（王杰英 / 河北省饶阳中学，陈占国 / 北京市平谷区后北官小学）

 作业应该"质"、"量"和谐

作业必须有一定的"量"，尤其是基础知识、基本技能的学习与训练，只有达到一定的"量"，才有可能实现"质"的飞跃，内化为学习者自身的一种知识或技能。但又要避免题海战术。因为人（尤其是孩子）长时间重复某项机械而枯燥的活动（比如作业），容易出现情绪烦躁、注意力分散、意志弱化等问题，使作业效果背离初衷，得不偿失。笔者在实践中，努力采取以下措施激起学生完成作业的兴趣，尽可能实现"质"与"量"的和谐。

第一，以人为本，作业量少、质精。可以选择针对性强、代表性强的练习，不易掌握的、易错的知识点作为作业，决不做简单重复的无用功。

第二，利用艾宾浩斯遗忘曲线，适量、梯度重复练习一定的知识与技能。如学习生字，三遍可能记不住，可以每学两课重复一遍，学一单元再重复一遍（巧妙利用周末时间）。经过科学的强化，这些生字就会逐渐被孩子们掌握。

第三，布置作业呈现出一定的规律，最好这些规律能被学生"识破"、掌握，以激起他们提前完成的欲望。

第四，作业要在保证平均量的前提下因人而异，增加一定的弹性。比如，可以针对特定的对象减去一定量的作业，甚至允许不完成作业的现象出现。

第五，抓住适当时机，提供不做作业的机会，既是一张一弛的学习节奏需要，也是赢得学生支持的必要手段。

第六，对于做作业不主动的学生，宜采取以下策略：低起点——慢动——逐渐加速——养成习惯。

第七，可以把做作业与培养良好的学习习惯科学地"绑定"在一起。比如，只要书写认真、得到若干个"优"，晚上作业可以减半；减半了若干次后，可以取消一次家庭作业。

第八，可以采取超市购物式的措施，提供数套方案，加强学生的自主选择权。

第九，将统筹法的原理运用到布置作业上，合理分配时间。

第十，遵循循序渐进的原则。

作业的批改可以采取全批全改、面批、抽人批、学生互批等多种形式。我比较认可魏书生老师的做法：建立监督检查系统和反馈系统。所谓监督检查系统，即魏老师常说的"五道关口"：学生自检、同学互检、班干部检查、班集体检查、教师抽查。所谓反馈系统，即四种反馈形式：个别讨论反馈、班干部反馈、班集体反馈、家长反馈。

另外，我建议批改作业要把握以下原则。①激励性原则。最好是持续激励性的暗示体系（根据实际，评价级别有起有伏，但总体性的轨迹必须是渐进的、上升的，还要每隔一段时间引导学生看出这个规律，以增长其信心）。②有错必改原则。及时纠错会避免形成错误的心理定式，避免付出更大的不必要的精力代价。③互动原则。在批语中尽可能与学生互动，或鼓励，或关心，或嗔怪，或劝勉，体现出教师的责任心、宽容心，拉近与学生的心理距离与详尽地批改同样重要。④及时反馈原则。及时反馈能和学生形成高效互动，使教与学更好地呼应。⑤归过与扬善适当原则。注意"归过于私室，扬善于公庭"。

（焦兵书 / 河南省林州市市直第九小学）

 专家视点 因情而异解决问题

在平时的教学中，遇到那些经常不完成作业的学生是很让老师头痛的。

对此，我们老师应冷静面对，认真分析，采取适当措施，因情而异解决学生不完成作业的问题。

（一）学生不完成作业的表现形式及原因

学生不完成作业通常有以下几种说辞或借口。

一是说作业已经交了。当你找到他时，他会装作一副惊讶无辜的样子，说自己已经交了，甚至会找一些同学来证明。如果老师盯得松，就此混过；如果老师盯得紧，就抓紧时间完成，接着告诉老师作业找到了。

二是说作业已经完成了，但忘在家里了，下午（第二天早晨）再带来。同样，如果老师盯得紧，下午（第二天早晨）他的作业就交来了。

三是说不知道老师布置的是什么作业，就没有做，也不知道要交，表示马上补做。

四是说昨天家里有事，没来得及完成作业。父母加班、家里来人、看望爷爷奶奶、突然停电、自己生病等，都是他们常用的理由。

五是说因为其他学科作业多，先做其他学科的作业了，没有时间做了。还会说别的学科老师要求严，如果不及时完成作业会受批评。

六是说作业中有题目不会做，交上去怕老师批评，或者怕老师对自己印象不好，自己又不想抄作业，想弄懂后再做好交上去。

七是说老师没有及时批改，或者说反正交了作业老师也不改，做了没有用。

八是直接告诉老师，自己不会做，或者说不想做、不想交。即使老师盯得紧，他也不交，甚至会与老师发生冲突。

笔者认为，导致学生不完成作业的原因很多，归纳起来主要有以下几种。

一是教师检查力度不够。学生迟交作业或者不完成作业，教师根本不知道。只有当不完成作业的人数较多，或者是教师想起来要查的时候才去督促一下，结果让部分学生有机可乘。

二是班风比较差，学风不浓，正气不足，学生不求上进。班级不完成作业的学生比较多，学生便习以为常。

三是作业负担重。一些老师布置作业比较随意，作业量太大，学生难以完成。另外，不同学科老师之间没有协调好作业量，虽然每一门学科作业可能并不多，但加起来作业量就太多了。就拿笔者所在的年级来讲，高一学生有 9 门文化学科，每天每门课只要布置 20 分钟的作业，学生就受不了，更何况英语和语文的阅读需要时间，记忆单词需要时间，记住数学公式也需要时间。

四是作业难度大。一些教师想让学生学得更好，或者想扩充学生的知识面，于是经常布置一些自以为好的题目。虽然这些题目对老师来讲可能不难，但对学生来讲却是很难的题目，学生往往难以完成。

五是学科的影响。由于学生兴趣不同，他们在不同学科上的能力体现是不同的，加上目前存在的升学现实，造成一些学生对部分学科不重视。如在我们江苏省，高考是以语数外三门总分划线，学生在物理和历史两门中选择一门，在化学、生物、政治、地理四门中选择一门，而选择的这两门不计入总分，只要达标就行，剩下的四门学科学生只需要在高二时参加一个过关性考试就行，这样学生对不同学科学习的重视程度必然会有所不同。

六是缺乏学习动力。每个班级都有一些学习比较困难的学生，他们成绩比较差，排名偏后，有的甚至听课都有困难。这样的学生，往往对学习失去信心，厌学情绪比较严重，知识漏洞也多，做作业速度慢，完成作业心有余而力不足。

当然，还有学生学习习惯不好、做事拖拉，家长对孩子学习不重视，督促不力等也是学生不完成作业的一些常见原因。

（二）解决学生经常不完成作业问题的策略

要想解决学生不完成作业的问题，教师应认真分析学生不完成作业的具体情况，因情而异采取不同的策略。

一是要加强班风建设，努力在班级形成浓郁的学习氛围。不论学生表现如何，我们老师都要相信学生是想学习的。在这个前提下，教师通过积极引导学生明确学习目的、树立远大理想、开展各种学习竞赛、进行作业展评等，让班级形成以学习为荣的浓郁学习氛围。身处这样的氛围之中，即使那些不肯学习的学生也会受到环境的影响，逐步变得想学习、爱学习；倘若不完成作业，他们也会觉得不好意思。

二是要及时检查学生完成作业的情况，对那些不肯完成作业的学生及时督促。大家会发现，在同一个班级，有些老师的作业，学生会积极完成；有些老师的作业却很难收齐。这就要求我们老师及时批阅作业，发现学生不完成作业，不论原因是什么，都要督促学生完成，这样学生就知道老师布置的作业不能不完成，就会按时完成作业了。我平时每一次收作业都会检查学生上交情况，一旦发现有学生不交，就及时督促，同时我还会记录下来，经常表扬完成作业好的学生。学期结束时，我会根据学生作业完成情况给出一个分数，记入学习档案。

三是协调各科作业量。各科教师要精选作业，仔细考虑学生完成本门学科作业所需要的时间，也要考虑那些作业速度比较慢的学生完成作业需要的时间，还要考虑学生看书复习所需要的时间。学校可以对教师布置的作业量提出一个大概的要求，比如我们的数学作业量规定时间是每天不超过 30 分钟。学校可以定期检查教师布置的作业量，对超过作业量的作业可以容许学生不完成。我们学校除了规定作业时间外，还要求教师布置的作业做到"有发必收，有收必改，有改必评，有评必透"。

四是控制作业难度。教师要考虑学生的实际，要面对班级绝大多数学生布置作业，不要布置那些学生难以完成或者需要花费时间太多的作业。对于一些学生难以完成的题目，允许学生暂时不做，等到教师讲评后再补做。教师还可以分层次布置作业，布置一些选做的作业，让学生根据自己的情况进行选择，以满足不同学生的需要。当然，教师也可以改变作业的形式，布置调查报告等作业。

五是鼓励、帮助那些学习困难的学生完成作业。对那些确实因为学习困难难以完成作业的学生，教师除了及时督促、布置一些选做的作业外，要特别注意积极鼓励他们，哪怕他们有部分题目没有完成，都要及时鼓励。另外，教师要了解学生学习中的困难，帮助他们弥补学习中的漏洞，上课时要多关注他们。他们在学习中的困难越来越少，完成作业的问题就越容易解决。

　　解决学生不完成作业的问题时，不论遇到什么情况，教师都尽可能不要采取罚抄、写检查、公开批评、停课、纪律处理等手段；尽可能不要请家长参与解决，特别是对于那些高年级的学生，因为这些手段虽然可能短时间内有成效，但却不能从根本上解决问题，还容易造成师生对立，影响学生的学习热情，甚至会因为教师处理的不恰当，产生一些意想不到的问题，对教师和学生造成伤害。

　　（周建洋／全国优秀教师，江苏省优秀班主任，中学数学高级教师）

学生带手机进校园，怎么办？

我们学校不允许学生上学带手机，因为不少学生在课堂上用手机玩游戏、发短信，甚至在考试时用来作弊。当我将他们的手机没收后，学生就以各种理由索要。我知道我没有权力没收手机，所以，只好交还给他们的家长，但很快手机又会转到学生的手中，真是"野火烧不尽，春风吹又生"。我很着急，该怎么办呢？

——山东·贾斌

一、观点"对对碰"——手机进校园：禁，还是不禁

正方：应该严格禁止。芬兰、美国和德国都通过立法的形式禁止学生在学校使用手机，笔者也认为应当禁止手机进入学校，但目前我国还没有相关的法律和规定。让学生自觉不带手机，肯定是不行的。我们要通过做学生思想工作、与家长沟通等方式，使他们正确认识带手机上学的弊端。在征得家长同意后，学校应严格禁止学生带手机进校园。一旦学生在校园里使用手机，任何老师都可以没收，并由专人负责保管，毕业后再还给学生。实践证明，只要大家齐努力，校园里杜绝手机是可以实现的。

（黄敏 / 甘肃省兰州市第五中学）

反方：不能一禁了之。尽管手机进校园弊端很多，但我们要理性对待，不能一禁了之。①要从信息时代的社会背景来把握。进入信息时代，手机已成为人们的生活必需品，为学生与家长、老师、同学之间的交流以及查阅资料提供了便利。②要从学生的成长心理来认识。青少年易于接受新鲜

事物，加之现在的学生成人感增强，向往成年人的生活方式，于是其活动方式也更趋于社会化。③要从尊重学生权利的角度来理解。同其他公民一样，学生也享有通信的自由，只要不影响正常的教学秩序，没有危及他人利益，就不应禁止。

（锥会龙／甘肃省天水市麦积区吴砦初级中学）

正方：有百害而无一利。一些学生使用手机没有节制，为了支付手机费付出了惨重的代价：有的为保证有足够的手机费，一天只吃一顿饭；有的生活费用完了只好跟别人借。另外，手机信号会对人体产生一定的辐射；长期使用耳机听音乐会使听力下降，甚至可能"失聪"；中小学生自制力较差，使用手机更容易影响其学习的专注度；手机会经常接收到低级庸俗的垃圾信息，孩子们心灵会受到污染，甚至会上当受骗；手机还往往是一些青少年实施盗窃、考试作弊或暴力活动的联络工具。以上这些，不仅影响了学校的教学和管理秩序，也严重影响了学生的身心健康。

（李晓辉／河北省滦南县第二高级中学，李能／四川省宣汉县七里学校）

反方：益处不言而喻。手机作为一种方便、快捷的现代通信工具，有利的地方主要如下。一是方便家长和学生及时联系。家长可随时了解孩子在学校的动向，对子女嘘寒问暖，利于父母与子女间的沟通。二是利于学生与老师沟通。有时课业上的问题、生活中的难题、同学间的矛盾以及一些不方便与老师当面交流的问题，通过手机交流可避免面对面交谈的胆怯和尴尬。三是利于同学间交流。有不愉快的事情或烦恼，可借助手机与同学交流，又能加深同学间的友情。四是利于学生遇到危险时，及时报警或与最信任的人联系。

（陈作章／河南省原阳县新城思谦学校初中部）

正方：我的态度是"不"。通过观察、了解和查处的多起案例来看，绝大多数学生不能正确使用手机，手机对学生的健康成长几乎没什么好处。一是分散精力。有些学生上课或上自习时发短信聊天、打游戏、上网浏览不良信息，导致不能集中精力学习。二是影响正常休息。有些学生上课时还能控制自己，但到休息时则无限制地"肆意妄为"，以致影响了正常的学习和生活。三是便于"谈情说爱"。手机成了一些学生谈情说爱隐蔽而便利的工具。四是用来作弊。手机的诸多功能使一些学生考试时作弊更加方便，败坏考风和学风。因此，对学生带手机进校园，我的态度是"不"。

(李河泉 / 山东省滨州市北镇中学)

反方："杀人的从来不是刀。"学生带手机进校园已成为不可遏制的潮流，对此，我们没必要引起"狼来了"的恐慌。以往没有手机时，也总有学生由于种种原因不愿意学习或出现不良行为；现在有了手机，也不会影响优秀学生脱颖而出。用孟子的话说是，杀人的从来不是刀，而是人。我想说，影响学习的不是手机而是学生自己。如果我们把问题归咎于手机，显然没有抓住问题的根本。只要合理引导，以教育为本，手机就会成为方便学生的工具；反之，即使没有手机，也无法避免灵魂的荒芜。

(李进成 / 广东省广州市番禺区禺山高级中学)

正方：影响学习和休息。如果学生把很多精力放在手机上，花在学习上的精力自然会大打折扣。如果在正常的休息时间玩手机，上课时难免困乏、打瞌睡，听课的效率也会大大降低。如果学生在上课期间开着机，一旦有电话或短消息，在课堂上发出声响，会影响正常的教学秩序。

(宁杰 / 山东省寿光市世纪学校)

反方：是心理需求的体现。既然学生不惜牺牲睡眠时间用手机上网或发短信聊天，说明学生有了解外部世界和与他人交流的心理需求。特别是正值青春发育期的中学生，面对成长中的诸多烦恼，渴望友情、理解和帮助。所以，学校何不先自我检查一下，是否给学生留出了必要的自主支配的时间，是否对他们的这种心理需求给予了必要的指导和帮助？丁榕老师说："研究学生的需要，满足学生的正当需要，是做好班主任工作的源泉。"随着科技的进步，教师在教育学生过程中还会遇到各种新问题，只有本着"一切为了学生健康发展"的原则，不断创新工作艺术，才能让教育理念跟上时代的脚步。

(仲崇高 / 山东省滕州市第一职业高中，

赵红梅 / 山东省肥城市泰西中学)

正方：成为攀比炫耀的工具。部分学生带手机进校园，是攀比心理在作怪。他们为了在同学中炫耀，缠住父母给他们买手机，而且还要时尚、高档、超前，以显示与众不同，根本不考虑家长的经济负担及实用性。如果家长不同意，他们往往会想尽办法拥有。

（梁俊英 / 广东省博罗县华侨中学）

反方："一刀切"并不可行。有的家长平时上班、做生意，比较忙，作息时间与孩子不一致，不能及时对孩子进行监管，为了联系方便，就给孩子买了手机。有的家长长期在外打工，为了随时了解孩子的学习和生活情况，就给孩子买了手机。如果从家长的角度来考虑，孩子放学后，自己还没有下班，打个电话，了解一下孩子的安全情况也是很自然的事。所以，"一刀切"禁止带手机并不可行。

（王守玉　董焕丽 / 湖北省丹江口市实验中学，
蒯威 / 江苏省苏州工业园区第二实验小学）

正方：手机是"罪魁祸首"。没手机就不会出现手机问题。如果家长不给买，学生何来手机？如果家长不给交话费，手机铃声怎么会此起彼伏？因此，要想将手机阻挡在校园之外，首先要做通家长的工作。为此，每带一个新班，我都要在正式上课前组织一次家长会，会上交流的内容之一就是学生的手机问题。我会向家长说明学生使用手机的危害，并和家长签订不为孩子配置手机的承诺书。

（牛瑞锋 / 内蒙古自治区呼伦贝尔市大杨树林中）

反方：不能干涉学生的权利。学生使用手机，其实也是在享受高科技发展给人类带来的便利与快乐。对此，教师要怀着包容之心理解学生，不能粗暴干涉学生使用手机的权利，更不能随意没收学生的手机。只要学生使用手机不干扰他人学习、生活、工作，不用手机做学生行为规范规定不能做的事，教师就不必制止或禁止学生使用手机。即使学生使用手机违背了有关规定，也只能暂时保管。

（张家明 / 重庆市沙坪坝区方堰塘小学）

二、对策共商议——面对难题：我，是这样做的

第一，对症下药，各个击破。为了课间娱乐——提供渠道。有的学生带手机进学校纯粹是为了课间听歌。为了满足这种需要，我开放教室里的电视和影碟机，允许学生在课间听歌，有时候我自己也会到教室里跟学生一起听。这样，既解决了课间听歌娱乐的问题，又在一定程度上避免了带手机进校园的问题，还拉近了师生感情。

为了跟家长联系——伸出援手。有的学生家长很忙，工作没规律，经常要临时通知孩子吃饭的地方，或告知孩子自己的去向。在这种情况下，我就让家长有事打电话或发短信给我，由我代为转告。这样既不误事，又不给学生带手机的借口。

为了炫耀、摆酷——引导观念。对这种情况要采取迂回战术。炫耀心理不是做一两次思想工作就可以解决的问题，更不可能靠强制命令解决。关键是培养学生正确的观念，端正学生的人生观。

为了便于"谈恋爱"——切断病根。有的学生交了关系密切的异性朋友，为了便于联系而使用手机。对此，要切断"病根"。如果学生能摆脱情感的束缚，专心学习，手机问题往往也会迎刃而解。

为了考试作弊——收缴没商量。如果出于考试作弊的目的，则坚决不能让学生得逞。要坚决果断，雷厉风行。平时一般不带手机、临考试时突然带手机的学生常常有作弊的可能，所以应禁止携带手机参加考试，否则就收缴，由其父母亲自来校才能领回，并保证不再带手机进校。

（彭玉英／江西省崇义县章源中学）

第二，使用手机先"三问"。对于带手机的学生，班主任要做到"三问"。一问学生家长：您的孩子确实需要带手机吗？您能做到不定期检查孩子手机的使用状况吗？二问学生本人：你能保证带手机不影响学习也不影响其他同学吗？你愿意接受家长和班主任对你使用手机的监督吗？三问自己：对学生的自制力有信心吗？如果学生在使用手机过程中不能自控，班主任要征求家长和学生的同意，拥有干预使用手机的权力。

（刘向军／河南省长垣县河南宏力学校）

第三，约束使用时间。我班的班规中规定：上课、早读、晚自习期间以及大型集会、升旗时要关闭手机；违者，扣除个人综合素质评定 2 分，还要写出不少于 1000 字的心理分析或在班上表演一个文艺节目。这个规定虽然约束了学生使用手机的时间，并规定对违规行为进行惩戒，但没有禁止学生上学带手机，体现了班级管理中以"疏"为主、以"罚"为辅的管理原则。

（高顺喜／河南省嵩县田湖镇第一初级中学）

第四，多方合作，约法三章。①老师与家长约法三章：严禁在上课时间给孩子打电话，以免影响孩子学习；不能一味满足孩子频繁更换手机的要求，以免纵容其攀比心理；经常与老师沟通。②老师与孩子约法三章：不能在课堂上使用手机，特别是不能收发信息、玩游戏、上网等；不能用来抄袭作业、考试作弊；不能用来收发不良信息、网上交友或进行不正常异性交往。③家长与孩子约法三章：手机要用于与父母联系、与老师沟通；不能沉溺于手机游戏、发送短信和攀比等；上课时必须关机。

（朱云／北京市第十八中学）

第五，让学生喜欢我们的课堂。一些学生之所以沉迷于玩手机，是因为我们的课堂教学缺乏吸引力。当学生不能从课堂中感受到学习的乐趣时，他们的头脑就会游离课堂，去寻求其他的刺激和诱惑。基于此，我们要不断增进课堂教学的趣味性、吸引力，丰富和彰显自己的教学魅力。总之，我们要学会让我们的教育去适应学生，而不是总苛求学生来适应我们的教育。

（何广茹／天津市宁河县汉沽管理区第一中学）

第六，利用手机功能开展教育。首先，我们与学生讨论带手机要注意的问题，并签订"公约"。其次，利用手机加强学生管理，如用短信群发方式提醒学生学校不同时段的管理重点。第三，对学生身体安全等方面进行温馨提醒。如寒流来了，提醒学生加衣保暖。第四，利用手机提高学生的学习效率。如把需要背诵的课文、单词等用手机录音，然后利用业余时间进行记忆。第五，利用手机短信进行思想教育。如发表扬短信进行鼓励，学生出现小错误时提醒批评，出现情绪问题时发短信表示关心，等等。

（田兆阁／山东省临邑县第二中学）

第七，组建班级手机 QQ 群。我向全班学生发出倡议，组建班级手机 QQ 群，并选举两个学生做管理员。我要求这两名学生把这个群管理好，让大家乐意到群里聊天，这样就在很大程度上避免了学生在网上认识陌生人而受到伤害的可能。我还倡议任课老师也加入这个群，并借此与学生聊天谈心，指导学生学习。师生之间的情感因此得到了加强，同学之间也相处融洽。班级管理中很多当面不能说的问题，都可以通过 QQ 进行沟通，效果非常好。

（白记营 / 江苏省宝应县曹甸高级中学）

第八，妥善实施"暂代保管"制。在对学生违规使用手机的处理意见达成一致后，教师应对违纪学生的手机进行妥善的"暂代保管"。保管期间，最好把 SIM 卡退还给学生，因为 SIM 卡涉及学生的个人信息、通信消费等。这样做是对学生隐私权和财产权的一种尊重，同时也可以避免不必要的矛盾和纠纷。另外，要出具"暂代保管"的回执作为领回凭证。在回执中，根据违规事实确定领回手机的时间和领回人（家长或学生本人）。这些做法以人为本，尊重学生，充分体现了学校管理程序的正当性，能有效地对手机进行管理。

（单海林 / 浙江省绍兴县鲁迅中学柯桥校区）

 掌握实情，从容应对

在寄宿制学校，学生带手机进校园已成为普遍现象。为解决这个问题，不少学校想出很多办法，如学生宿舍不安装插座，让学生无法充电；加强巡查，一旦发现学生使用手机，立即没收；向家长反复强调，不要给孩子买手机……然而，"上有政策，下有对策"，手机进校园，越控制越失效，学生带手机现象仍很普遍。我们该怎么办？

克里希那穆提说："只有当你缺乏理解的时候，才有掌控的必要。如果你已经把事情看得很清楚，自然就不需要掌控了。"为了深入了解情况，我首先在学生中组织了一次问卷调查，包括 6 个方面：①手机的来源；②当初购买手机的目的；③手机实际使用情况；④买手机的真实动机；⑤中学生带手机上学的害处；⑥能否不带手机。

调查结果显示，很多学生主要是用手机上网，与同学发短信聊天，真正用于与家长联系的很少。私下找学生聊天，发现一些更突出的问题：一是晚上玩网游，有的甚至浏览一些不健康的网站；二是下载小说看，特别是一些神魔小说；三是把手机当音乐播放器；四是晚上看足球赛直播。

有了调查结果做基础，我组织学生开展辩论，引导他们思考 5 个问题。①我是学生，学习任务重，精力究竟应该放在哪里？②我是消费者，我该怎样消费？③是我的视力重要，还是球赛重要？④我是独立的个体，我要不要随大流？⑤在我没有极强控制力的情况下，要不要带手机？

我引导学生不再将手机当成单一的通信工具，而是上升到更高的高度来理解。在辩论中，学生们发现，手机问题实质上是个消费观与时尚感的问题、理性思维的问题、身体健康的问题。学生们逐渐统一了认识，找到了自己的症结。现在他们所需要的，不是老师说服、父母禁止、制度规定，而是自己权衡利弊后，做出选择。

思想工作做通后，就该解决具体问题了。首先，为了满足学生的客观需求，我们采取了一些更人性化的做法，如春游、秋游、学校艺术节、校庆时，允许学生带手机；去农村学农一周时，我们还规定学生必须带手机；周末不能回家的留校生，也可用手机与家长联系。这样满足学生的需求，比"一刀切"实际上又"切不了"要好得多。同时，学校开通了短信联系平台，班主任和生活管理老师都可以通过这个平台与家长保持联系。学校还建立了电子阅览室，学生可以在课余上网查阅资料。如有急需，学生只要向老师申请，即可使用老师的电脑。老师办公室的电话、班主任及生活管理老师的手机号码，全部告诉家长，以便家长随时与老师沟通、与孩子联系。

我们还借鉴一些心理学效应开展工作。

第一，运用"拆屋效应"。鲁迅先生说："中国人的性情总是喜欢调和、折中的，譬如你说，这屋子太暗，说在这里开一个天窗，大家一定是不允许的，但如果你主张拆掉屋顶，他们就会来调和，愿意开天窗了。"这种先提出很大的要求，接着提出较小的要求，在心理学上称为"拆屋效应"。我们在处理手机问题上也是这样。先允许学生带手机，让其试试一个星期克制自己不开机对生活有什么影响；或者带来手机，交给老师保管，等到要与父母通电话时，再从老师那里拿过来。一段时间后，学生就会发现，原来不用手机也是可以的。

第二，运用"链状效应"破解"从众效应"。"链状效应"即俗话所说的"近朱者赤，近墨者黑"，指人在成长中的相互影响作用。"从众效应"是指在群体作用下，个人调整与改变自己以与其他人更相似。为了破解"从众效应"，形成好的"链状效应"，我们采取各个击破的方法，先从学生干部、优秀学生入手，培养自律的榜样，再由这些榜样去分化、说服、带动其他人。这样，链子越接越长，手机越来越少，最后就产生好的"链状效应"了。

第三，注重"超限效应"。"超限效应"是指刺激过多、过强或作用时间过久，会引起极不耐烦或逆反的心理现象。这个效应启示我们，在批评或表扬学生时，应掌握"度"。否则非但得不到应有的效果，还会出现反作用。对那些不改的学生，我们不要想毕其功于一役，而要从身边的事例着手，以此来启发他，以利弊来说服他。尽量少用没收的办法，尽量不用检讨的形式，给他设定几个步骤，利用多方面的力量去做工作，运用各种手段去化解矛盾，最后达到目的。

晓之以理，动之以情，喻之以利害，辅之以帮助，是可以化解看上去非常棘手的手机问题的。

(杨立志 / 华南师范大学附属中学番禺学校)

 在"禁"与"放"之间智慧抉择

看到前文老师们对于"手机进校园"的讨论，明显感到现在老师的思维水平有了很大进步，法律意识、平等观念、民主意识、科学分析问题的能力都在只言片语间得以显现，让我也很受教育。对"手机进校园"这个问题，若时间倒推若干年，我的回答是"禁"，但今天，我却会说"放"。

20世纪末，第一代手机（1G）登陆中国，人们称之为"大哥大"、"砖头"、"黑金刚"，此时别说"进校园"，就是"进家庭"也很难，毕竟是奢侈品。进入21世纪，第二代手机（2G）开始陆陆续续进入"寻常百姓家"，但此时对于绝大部分学生来说还是"半奢侈品"，先是在一些私立学校学生中流行起来，但很快问题也随之出现：上课玩手机、半夜玩手机影响学习和休息，浏览黄色小说甚至黄色视频，引发攀比心理等。此时，很多学校制定了"禁止手机进校园"的校规，我也认为是及时且必要的。

近年来，第三代手机（3G）开始风行。相对于第一代和第二代，第三代手机将无线通信与国际互联网等多媒体通信完美结合起来，它能够兼容图像、音乐、视频等多种媒体形式，这正好暗合了现代人追求时尚、方便、快捷的心理需求，加之价格低廉，资费也在不断下调，人手一机已成为可能，学生也不例外。此时，如果我们还在做"禁"的打算，不客气地说，就是在逆潮流而动了。

现在的学生家长工作都比较繁忙，并且很多家长的工作时间充满变数，而学校生活和城市生活也存在一些变数：下班堵车无法准时接孩子怎么办？孩子提前下课无法通知家长怎么办？孩子出去玩或者参加学校活动无法联系怎么办？孩子遇到紧急情况来不及或者没办法打公用电话怎么办？手机可以解决很多现实的问题。至于全寄宿制学校，拥有一部手机就可以将个人与世界联通起来，有利于解决寄宿制学校学生可能产生的诸如孤单等很多心理问题。

主张"禁"的人可能要问了：孩子拿手机玩游戏、发短信影响学习怎么办？孩子无节制地长时间给其他同学打电话怎么办？骗子电话、骗子短信、垃圾短信、黄色短信时时入侵怎么办？还有上课时突然有电话或短信影响课堂秩序怎么办？这些问题不同程度地存在于"开禁"的学校，我们姑且称为"手机问题"。我校学生（初中）90%都有手机，我随机问过一些学生：你们会在同学面前炫耀自己的手机吗？他们的回答很干脆：现在谁还炫耀手机呀，也太老土了吧！我承认，"开禁"的确会带来一些"手机问题"，但是我说的"放"不是"放纵"。事实上，为堵截"手机问题"，现在很多学校在"放"的前提下出台了一些规定以及相应的违规处理措施，例如，裸机价格控制在 500 元以内、上课时段关机、清洁手机信息、文明用机等，还有的学校请家长参与进来，签订手机进校园合约。

从教育角度来说，有条件的"放"可以锻炼学生的自制能力，还有助于提高班主任在管理上的智慧与魄力。对待新生事物，关键是班主任要提高自己的管理能力和水平，"禁"是一种管理，"放"但限制使用并正确引导也是一种管理。多一分宽容、多一分等待、多一分思考、多一分智慧、多一分疏导、多一分责任比简单"封杀"更能体现教育的科学性，更合乎以人为本的原则。

应该说，手机的正确使用已经不仅是学校面临的问题，而且是一个社会性问题了。现在，有的厂家已经生产出了"学生手机"。它可以限制通话，家长在添加号码时可自定义通话号码，从而避免了孩子拨打声讯电话而产生高额费用等问题；还有智能紧急呼救，当孩子遇到紧急情况时，可以直接长按紧急呼叫键，此时，该手机会自动依次循环呼叫 4 个号码，直至呼通其中一个号码，在呼叫号码不通时，还会自动给该号码发送紧急求助短信；甚至家长还可以进行手机定位；游戏也可以实现禁用。目前推出的手机信号屏蔽器，可以有效禁止学生在课堂上使用手机等。另外，我国正在下大力气清理黄色网站，整顿黄色短信，这些举措从源头上堵住了手机可能带来的负面影响，还孩子们一片纯洁的天空。全社会都在关注手机问题，再谈"禁"，恐怕我们自己的头脑要"开禁"了。

市场上还出现了"学习手机"，在手机功能的基础上增加学习功能，以"手机"为辅，"学习"为主，这种学习手机集教材、实用教科书学习为一体，对学习有着明显的辅助效果，可以随身携带，让人随时进入学习状态。此时，手机进校园，恐怕是"野火烧不尽"，不待"春风吹又生"了。

此外，手机进校园之所以在"禁"与"放"之间长期徘徊，还与这方面存在法律真空有关。在第十一届全国人大第三次会议上，有的代表呼吁立法"禁止学生带手机进校园"，议案还列举了韩国、日本、英国、美国等禁止手机进校园的做法。需要指出的是，西方国家的"禁"有其特殊的文化背景，况且只是一些地方政府的行为，不能成为我们也

"禁"的理由。

我认为,"禁"与"放"不仅取决于手机本身的普及与社会发展,还取决于其他要素。总体原则是:生源优秀的学校比生源一般的学校更适合于"放";年段高的学校比年段低的学校更适合于"放";开放程度高的城市学校比开放程度较低的城市学校更适合于"放";素质教育氛围浓厚的学校比纯应试的学校更适合于"放"……如此,"禁"还是"放",应三思而后行。

(王益民 / 江苏省镇江市外国语学校、
镇江市国际学校"班主任工作研究室"主任)

班里总有学生乱花钱，怎么办？

随着我国经济发展和人民生活水平的提高，孩子们手里的零花钱越来越多。面对手中的钱，很多中小学生却不知道该怎么花，因此乱花钱的现象越来越普遍：盲目的娱乐消费，超常的人情消费，高消费、讲名牌，等等。这一方面助长了孩子不良的金钱意识和价值观念，另一方面也影响班级勤俭节约等良好风气的形成。对此，我该如何进行引导呢？

—— 浙江·潘宁娟

一、孩子的钱都去哪儿了

（一）有的学生用于吃喝玩乐

1.宁愿挨饿，也要买零食

一天午餐时，男生小 A 一个人呆呆地坐在饭桌旁看着同学们吃饭。我上前问他为什么不打饭，是不是生病了没胃口。他摇摇头没回答。这时旁边有学生笑着说："老师，他的饭卡里没钱了，今天早餐他就没吃！""老师，他周一到周三拼命买零食，到了周三晚上就开始四处借钱。同宿舍室友他都借遍了，大家决定不再借钱给他，让他饿一下。"听了孩子们的诉说，我也禁不住暗暗发笑。不管怎样得先让他吃饭，于是赶紧给他买了一份饭，几分钟不到，他就狼吞虎咽地吃完了。

事后，我联系到小 A 的家长。原来，小 A 小时候，家长忙于打理生意，没空管他，就在餐桌上放一些零钱给他。孩子睡醒后就拿着钱到外面小餐馆吃快餐，没人告诉他该怎样合理用钱。时间一长，小 A 就养成了乱花钱的毛病。

（扈计成／山东省邹城市田黄中学）

2. 游戏瘾大，偷钱也玩

学生小李，母亲在其年幼时离家出走，父亲远赴浙江打工。他跟着奶奶生活，家庭经济十分拮据。一次，小李对奶奶撒谎说学校要收20元寒假作业费，其实他是把钱拿去玩游戏了。一次得手之后，他便隔三岔五地骗奶奶说学校要交钱，钱到手后他不是大吃大喝就是去玩游戏。后来，他的游戏瘾越来越大，手里没钱，就伙同班上同学偷家里的谷子卖，后被及时发现并制止。

小李的奶奶意识到事情的严重性，急忙打电话给孩子的爸爸讲明情况。经过大家一番苦劝，小李表示要好好反省，改过自新，努力学习。可刚过了一周，他就突然"失踪"了。原来，他偷了伯父380元钱后又去玩游戏了。被找到时，他身上只剩下100元钱……

（石世强／贵州省遵义市新蒲新区三渡镇中学）

3. 跟风消费，大笔赊账

一天，学校商店的老板来办公室找我。原来，班上的小飞在其店里赊账竟达两百多元。这些钱对于农村孩子来讲可不是一笔小数目。我找小飞了解情况后得知，由于家里并不富裕，他本不想乱花钱，但每次看到同学们买零食吃，自己也忍不住想买；有时同学请他吃零食、喝汽水，他也不得不买东西回请。时间长了，他就只好先赊账。

近年来，成人间的礼尚往来、人情消费在中小学生中也屡见不鲜，如举办生日派对、相互请客等。更有甚者，个别学生在宴请后，还准备了玩游戏、看电影、唱卡拉OK的"一条龙"消费，花钱数额之大往往令人咋舌。久而久之，一些学生便渐渐养成盲目攀比、跟风消费等不良习惯。

（张飞／湖北省襄阳市襄州区双沟镇肖坡小学，

秦铎／甘肃省庆阳市第六中学）

4.为买手机，欠债骗人

"安老师，我儿子的钱被你们班小刘强行拿走，麻烦您调查一下！"一天中午，小张母亲焦急地打来电话。我感到十分惊讶，立即把小刘和小张叫来询问："你们之间到底发生了什么事？"小刘说："我昨天向他借了20元钱交试卷费，我开玩笑说不还了，他就向家长告状。我今天已经把钱还给他了。"我问小张："小刘还你钱了吗？"小张说："还了。"我问："那你为什么说小刘抢你钱？抢和借可是两码事！"小张低头不语。

我感到此事蹊跷，便将小张家长请到学校。在我们共同询问下，小张终于承认这次根本不是同学抢钱，而是他希望借此向父母要点钱还债。因为他欠了别人的钱，对方在催债。小张告诉我们，他每周除了吃一顿牛肉面外，每天只吃一包一元钱的方便面，就为了省下钱买手机。手机是学生间相互倒卖得到的，他因此欠了一屁股债。

（安杰 / 甘肃省会宁县白草塬初级中学）

5.追求时尚，"一掷千金"

学生L经常是穿着校服进校门，可一进教室便像变戏法般换上各式潮流时装，有时还佩戴一些稀奇古怪的首饰。经了解，他每月在这些方面要花掉一千多元。他还宣称："时尚是一种美，我追求美难道错了吗？"

随着我国经济的发展，许多家庭已走向富裕。对这些不曾经历物质匮乏年代的学生来说，也许面包并不重要，漂亮的穿着打扮才是真正的需要。在他们看来，有用的东西就是这些寒不可以为衣、饥不可以为食却能够给心灵以愉悦与滋养的东西。为此，他们可以不惜任何代价，就像L对时尚服饰的追求一般。如果我们将此定性为"乱花钱"，他们当然是不会接受的。L就明确表示："我想主宰我自己，想过自己想要的生活。"我告诉他的是："你现在有没有做到主宰你自己？比如，你买衣物的钱是不是你自己挣的？一个人要做到无所为而为，首先要做到有所为而为，然后才能上升到无所为，高于常人的认识，过一种超出常人境界的生活。你说是不是？"他点点头，体悟着我的教诲。

（陈立军 / 湖南省长沙市明德中学）

（二）有的学生追求"物超所值"

晒晒他们的开销清单

为了端正学生的消费观念，帮助他们走出消费误区，我在班里召开了"晒晒清单，以俭为荣"主题班会。班会的首个环节就是让学生列一张近一个月的开销清单。

统计完毕后，我举起三张清单大声说道："同学们，刚才的小调查反映出大部分同学在个人消费方面缺少规划，但这三位同学的清单，我看后感触很深，现在我们就一起晒晒清单，你们顺便猜猜他们都是谁，好吗？"

"好——"孩子们的好奇心一下子被调动起来。

"第一位同学近一个月的饭费只有三百多元，而他买教辅用书和课外书籍的花费却近三百元，可以说书是他最好的朋友，和吃饭、睡觉一样必不可少。他是谁呢？"

"若——然——"学生们不费吹灰之力便猜到是班里的"书虫"。

"第二位同学近一个月的饭费有四百多元，他的清单里没有打车费，他每天骑车上学，购买的生活用品大都是廉价的、打折的、批发的。如果只看他的衣食住行，你们绝不会将他和'富二代'联系在一起。他是谁？"

学生们面面相觑，在我的进一步提醒下才猜到是副班长。

"第三位同学近一个月的饭费只有三百元，他的清单中没有零食、饮料和冰淇淋，只是在母亲节时给妈妈买了一支两元的康乃馨，因为他知道母亲这些年独自抚养他和弟弟不容易！"

"志——超——"学生们不约而同地将目光投向了物理课代表。

这时，班上那几个整天饮料、零食不离手的学生是一脸的不自在。我接着说："三张普普通通的消费清单，却折射出他们优秀的品格。若然同学生活仔细，买书大方，与书为友，用知识武装自己，这是思想上的'高消费'；副班长的清单让我们看到他不做'富二代'、要做'创二代'的淡泊和志气；志超同学的清单让我们动容，他的勤俭和孝心让我们明白，节俭是一份源于亲情的责任和担当！"

（李福荣／河北省黄骅中学）

二、如何花钱才不"乱"

（一）学会理解，让花钱有自觉

"富婆"佳佳

佳佳，是大家公认的"富婆"，为人慷慨大方，花钱如流水，用 100 元给小伙伴买生日礼物，眼睛眨都不眨。我多次苦口婆心好言相劝，抑或大声呵斥，可她依旧我行我素。

我仔细调查了佳佳的零用钱来源后得知，她的父母都在外地打工，年事已高的外婆成了她的临时监护人。家长为了弥补对孩子的亲情缺失，就用钱来讨好佳佳，经常是孩子要 100，家长就给 200。口袋里的钱多了，佳佳渐渐养成了乱花钱的坏习惯。我打电话给佳佳的父母，告诉他们钱始终代替不了亲情，有时钱给多了反而是坏事，建议他们减少给孩子的零用钱。

这样一来，佳佳手头拮据了，花钱也不像以前那样大手大脚，可坏习惯养成容易改掉难。对此，我在征得其父母的同意后，暂时充当佳佳的临时"财务保管员"，合理分配着给她花。然而，佳佳钱不够花时竟向小伙伴们借。

事后，我反思着：面对孩子乱花钱，严加管控不如让她感同身受，让她懂得父母在外打工挣钱的不易更重要。于是，我利用暑假时间带佳佳去了她父母打工的城市。起初，我们住在一家小旅馆里，大城市的繁华让这个不曾见过世面的小女生异常兴奋。但是，带着我们玩了两天后，佳佳的父母不得不回到他们居住的工棚。刚一推开门，佳佳的脸上就出现了异样的表情，嘴里嘟囔着："爸爸，你们就住在这儿呀，这比家里的猪笼强不到哪儿去啊！"一旁刚换上又脏又破的工作服，准备去工地干活的佳佳父亲，微微一笑以做回应。这时，我不失时机地建议佳佳跟父母一道去工地看看。结果发现，哪儿有什么工地，家长口中所谓的"工地"就是这座城市的垃圾填埋场。

"爸爸妈妈，原来你们在捡垃圾呀！"佳佳吃惊地问道。"是啊，孩子，我们为了给你创造一个好的生活学习条件，5 年前来到这里。这些年来，只有春节才能回家跟你团聚，其他时间我们都在这里捡破烂。"佳佳父亲哽咽着说。"爸爸，您别说了，我知道错了！"佳佳仿佛受到强烈震撼，哭成了泪人。

暑假结束，当孩子们返校时，我欣喜地看到，佳佳不但自己不再乱花钱，而且还自觉充当起老师的助手，用自己的"故事"教育、劝勉其他乱花钱的小伙伴。

（阮胜明／安徽省铜陵县董店初级中学）

（二）学会理财，让花钱有依据

我爱"班级小银行"

新春开学时，不断有家长、老师反映孩子乱用压岁钱，或者买很多烟花爆竹，或者买贵重的生日礼物，更有甚者偷偷去泡吧。看来，都是"有钱"惹的祸！

正巧，县里新开了一家农业银行，这让我想起雷夫老师《第56号教室的奇迹——让孩子变成爱学习的天使》一书中的妙招——通过开办薪水银行来促进学生自我管理、培养习惯。我何不在班里也开设"班级小银行"呢？

于是，在和班委商议后，我组织召开了"我爱'班级小银行'"主题班会。班会伊始，我首先介绍了开办班级银行的意义，以争取大家的支持：可把多余的零花钱储蓄起来，从而管住自己的手——不乱花，管住自己的口——不乱吃，这样既能保持班级干净整洁的卫生环境，又能培养学生的节俭精神。接着，我介绍实施办法，明确操作规则：按照学习小组划分，各小组民主选举产生"行长"、"会计"、"出纳"各一名。"行长"负责组织协调工作，"出纳"负责资金的存取，"会计"负责记账。最后，我和班委们组成"银监会"，负责各小组银行经费的审查监督工作。"银监会"每周五审查一次账目，并在下周一晨会上向大家公布存款数目。如果银行存款较多，"出纳"可请老师代为保管；如果某个学生累积达到50元以上的"大额"存款，必须交由其家长保管，以免产生不必要的经济纠纷。

一个多月后，"班级小银行"让我亲眼见证了它的魔力。学生们都积极争当"储蓄大户"，每天先拟订自己的开支计划，再把手中多余的零花钱存起来，少则一元，多则十几元。更有趣的是，学生们几乎都不取钱，以此来限制手中的现金数量，避免经不住诱惑乱花钱。特别是原来花钱大手大脚的小杰，现在不仅积极存钱，还号召身边同学勤俭节约。问他原因，他笑着说："数学书上说，爱国储蓄，利国利民。那我们参加班级储蓄，不就利于班级，利于同学吗？"

通过开办"班级小银行"，小组竞争，生生比赛，学生乱花钱现象得到有效抑制：买零食、玩具的少了，教室卫生更干净了；买贵重礼物的少了，大家都买便宜礼物或干脆自制礼物；偷偷上网的少了，大家都把时间用在正常学习、健康活动上了……

设立"班级小银行"，既培养了学生的自主管理能力和勤俭节约品质，也方便了学生的钱物保管，促进了班级的规范管理。当学生积少成多，取回"大额"存款时，个个神采飞扬，颇有成就感。更有家长告诉我，孩子仿佛懂得了金钱的来之不易，不仅花钱少了，而且懂得感恩了，对父母更加体贴，并能主动做一些力所能及的事情了。

（李文俊 / 湖北省谷城县实验小学）

（三）教育引领，让花钱有理性

活用教材，感受挣钱不易

人教版五年级语文教材中有一篇课文《慈母情深》，文中介绍了著名作家梁晓声小时候的一段难忘经历。作者为买《青年近卫军》一书，来到母亲工作的地方，向妈妈要一元钱。当他看到妈妈辛苦工作的场景时，感受到妈妈的每一分钱都是用血汗换来的，每一分钱来得都是那么艰难，每一分钱都是用来养家糊口的。尤其是从母亲那龟裂的手中接过揉得皱皱巴巴的毛票时，他突然意识到：我没有任何权利用那钱再买任何别的东西，无论为我自己还是为母亲。在教学这篇课文时，我适时拓展延伸，对学生进行了崇尚节俭、科学理财方面的教育。

课堂上，我说道："同学们，在过去那个物质相当匮乏的年代，梁晓声问母亲仅仅要一元钱，都是那么艰难，是母亲舍不得吗？是母亲太小气吗？是母亲不爱自己的儿子吗？很显然，根本不是这么一回事！那么，究竟是什么原因呢？”接着，我设计了一个特别环节——让学生从课文中一些对梁母外貌、动作的描写与刻画的语句中，感悟梁母挣钱的不易，体会梁母为家庭温饱所付出的艰辛和无奈。当学生眼含泪花听完我深情的朗读后，我继续问道："对于我们来说，一元钱太微不足道，在座的同学随手就能掏出几十元甚至更多的钱。但我想告诉你们，这些钱同样来之不易！"

说着，我打开多媒体设备，向学生展示打工在外的家长回家过年的热闹情景，以及他们走后孩子的孤苦伶仃和他们远在外地日夜辛劳、高强度劳作的画面。我还从网络上搜集到一些打工者在工作期间因事故伤亡的新闻报道，让学生更加真切地感受到即使是在物质丰富的当下，挣钱同样不易。学生们被这些场景深深震撼了。

其中一位远在外地打工的父亲在接受记者采访时说："我无时无刻不思念自己远在家乡的孩子，为了补偿对孩子的爱，每年春节回家时都会加倍给他们钱，要多少给多少，从不打折扣。"此时画面中的父亲泪流满面。

这时，我把画面定格，反问道："现在你们的父母不需你们伸手去要，就会把一张张十元甚至百元大钞毫不吝惜地递到你们手里。可当你们大把大把花钱时，有没有想到这钱同样来之不易，有没有梁晓声那种发自内心的自责和自省？你们浪费的仅仅是钱吗？是否在挥霍父母对你们的爱，透支父母对你们的爱？"

此时，教室里出奇地安静，几个平时出手阔绰的学生把头深深地埋在胸前。我知道，自己的适时拓展、延伸达到了教育目的。于是，我总结道："慈母情深，天下唯有母爱最让人难忘，最让人珍惜。母爱是伟大的，是神圣的。同学们，爱自己的母亲吧，但绝不能停留在口头上，让我们从珍惜父母给我们的每一分钱、合理使用好每一分钱开始。"

后来，我又结合班队活动适时强化学生的节俭意识。目前，"以节约为荣，以浪费为耻"的新风尚在我们班蔚然成风。

（张彤彤　黄家国 / 安徽省五河县临北回族乡胡圩小学）

（四）榜样引领，让花钱有示范

不平凡的20元钱

我班学生普遍家庭经济基础较好，平时手头都很阔绰，加之是"素质班"，学生可谓优中选优。因此，对于孩子乱花钱现象，家长大多选择视而不见。

鉴于此，我给学生布置了寒假社会实践作业：每人用20元钱做好一件事，开学后进行评选。按照惯例，将给予优秀者A的实践成绩，20元钱由班费报销，老师还会赠送一份神秘礼物。当时就有学生对我的提议嗤之以鼻——"一顿早餐就解决了嘛！"

我淡然一笑，心想：咱们开学时见分晓。

寒假过后，学生们纷纷交来作业。嘉兴率先公布答案："给自己的两张银行卡缴了年费，一张10元！"小灿吊儿郎当地说："我买了10张双色球彩票，爷爷奶奶、外公外婆、爸爸妈妈各送1张，送出我对家人的祝福，祝家人马年行大运，马上有财！"小瑞也不甘示弱："我请表弟看了场半价电影。注：爆米花两大桶，哈根达斯冰淇淋两个，共计140元。"……

让我感到郁闷的答案还真不少啊！但渐渐地，我也听到了预想中的答案。

雨红说："我请同桌帮忙网购图书《从你的全世界路过》，书店要36元，网店只要21元。作为生日礼物，我把它送给了最好的朋友，她很高兴。"小洋说："我在小姨店里用20元批了10支玫瑰花，情人节那天在公园每支10元卖出，除去枯萎的两支，共赚取60元。于是，我办了一张市图书馆借书卡。快到高三了，学生的生活主题还是学习。"雅凌说："我给公交卡充值20元，带奶奶绕二环、三环兜了一圈。奶奶跟着我们搬家后，就很少出来走动。看到原来乡下那块地盖起很多房子，她怕自己不认识了，让我带她回去看看，说人还是故土难离的。"益群说："我用20元印了200张小传单，寒假给3个小孩补课15天，赚了600元。"

"你打算怎么利用这笔钱啊？"我打断他说。

"我要等他们新学期第一次考试成绩出来，考得好的，我要买糖给他们吃。"他答道。

"花那个冤枉钱干什么？买件衣服自己穿就是了。"我故意逗他。

"才不要，我赚钱好辛苦。反正开学后要穿校服，用不上。"他说。

我放声大笑，他见状说："老师，您好狡猾！"

随后，沉香说道："我寒假里在卖衣服。起初我是想把自己的半新棉袄、鞋子打包寄给凉山的同龄孩子，可是地方太偏远，20元连快递费都不够。于是，我就在淘宝注册网店，把衣服分成5个包裹，拍照后放在网上，告诉有爱心的人，只要付邮费，我就把衣服替他们送出去。在网上逗留了好几天，我发现，居然有和我做同样事情的人！最终包裹全被爱心人士认购寄出去了。"

……

当学生陈述完毕后，班上那些哄笑消失了，大家都很惊讶身边的同学居然这么认真地去做一件20元钱的"寒酸"事。

我欣慰地说："'良田万顷，日食一升；广厦千间，夜眠八尺。'我们拥有的再多，但实际需要的并不多。我们还有很多其他需要，比如雅凌对亲情的安抚，益群在家教工作中获得的成就感，沉香对贫困山区小朋友满满的爱心……都让我们的20元钱有了不一样的意义。"

我拿出班费，问道："同学们，愿不愿意为你们点赞的作业埋单？"大家齐声说："愿意！"

于是，我给8名获点赞最多的学生每人发了一张崭新的20元纸币。这时，学生们着急地问："老师，您的神秘礼物是什么啊？""这份礼物啊，是一个帅哥！"随着照片投影在屏幕上，女生们都尖叫起来。我继续说道："下面我来讲讲这个'大帅锅'的故事。他家境很好，有全市最大的印刷厂等他继承，但他却并不以此为豪。高一时，他利用计算机和网络应用知识，帮助表哥开了一家网店，业余时间负责产品的陈列和线上推广，加上他将自己的部分压岁钱投入其中，他高二那年就获得2万元分红。在培训3个客服员工以后，他退居幕后，投入紧张的高三学习中。如今，正在读大四的他完全可以养活自己，而且陆续资助了10个白内障患者免费做手术！"

听了我的讲述，整个教室顿时沸腾起来，"哇"声一片！学生们对这个帅哥学长崇拜有加，而我则适时引导说："同学们，无论我们家境如何，有钱花，是好事；能用好钱，更是好事；而浪费钱，乱花钱，在'富几代'面前都行不通！"教室里再次响起热烈的掌声，为"作业"完成好的同学，为那个模范学长，也为未来逐渐走向成熟的自己。

（甘露／江西省樟树市樟树中学）

（五）家校协力，让花钱有节制

家校配合"量身裁衣"

学生小昌的父母都不在身边，父亲长年在北京工作，母亲身体不好，在南平居住，小昌独自一人在厦门上学，最早寄宿在全托班，后来自己在外租房住。没有家长在身边，他逐渐养成了乱花钱的坏习惯，请同学过生日，喝饮料，在海边的烧烤店吃肉、喝酒等不在话下。据他自己说，家长每月给他的零花钱有时高达两三千元。

得知此情后，我第一时间找到小昌，并跟随他来到住所——两室一厅，室内杂乱无章，茶几周边还有一些啤酒瓶，书桌上放着零星的几本书与散落的作业本。很难想象，这竟然是一个学生的居室。

经过交流，我发现小昌的心中根本没有钱的概念。于是，我先让他列出上个月的花费明细表。果不其然，吃饭、请客、手机费、上网费构成他平时的主要支出，尤其是他每天中午都不在学校食堂用餐，而是在外面的小饭馆吃；晚上更是经常在小饭馆吃吃喝喝。不但如此，他还经常请同学一起吃饭、喝饮料。

鉴于此，我先让他自己算一笔账：母亲的月工资是 3600 元，每月给他租房花费 1800 元，零花钱至少 2000 元。如此一来，母亲每月的工资尚且不够他一人花费。了解到这些，小昌方心里特别内疚，决心改掉乱花钱的坏毛病。

我一方面建议他每月先存 600 元钱，并且每日三餐都在学校食堂吃；同时，我特别向学校申请，让他每天与住宿生一起上晚自习（学校规定走读生不允许参加晚自习）。这样，一是可以省钱，改掉他大吃大喝的不良习惯；二是可以断绝他与校外青年的接触；三是可以降低他外出上网的机会，保证按时完成作业，还可以多与优秀同学沟通交流。

另一方面，我将小昌的住所用手机拍照后传给了他母亲。家长见后，感到无比震惊和痛心。通过交流，我了解到家长的想法：他们既舍不得辛苦打拼出来的事业，又舍不得厦门的优秀教育资源，也不愿意苦了孩子。因此，只要孩子缺钱，他们就向卡里汇钱，有时明知超量也仍会自我安慰：绝对不能委屈了孩子！

我告诉家长，对于孩子而言，最需要的是父母的关爱，而不是多给钱就能替代的，更何况如今社会上的一些不良消费观对孩子的诱导是具有毁灭性的。此外，虽然初中生可以生活自理，但也不能够完全脱离开家长，且不说无人照顾、监管、引导，仅从安全角度来说也是很危险的。

最终，经过共同商讨，小昌家长决定定期、定量给孩子打钱，并保证生活费用存放在校园卡里，不能变现，只能就餐，每周固定给予其他费用100元；将给小昌租的房子退掉，让他进入全托班，有专人管理，以避免与社会不良人士往来；家长妥善安排好工作，以保证平时多与孩子沟通，多给予关心和鼓励。

一个月下来，当小昌取出记账本时，上面的收支明细极其清楚，除去在校的正常餐费350元，4个周末的花费总共为260元，其他大笔的开支几乎没有。三个月后，小昌母亲也搬来照顾孩子。有了母亲的陪伴、照顾，再加上全托班的管理，小昌在各方面都有了很大进步。

（黄少虎 / 厦门大学附属科技中学）

 让消费教育进入德育课堂

面对学生乱花钱的现象，班主任应该怎么办？这个问题真可谓"老生常谈"。其实，学生乱花钱不仅是一种学校现象，更是一种社会现象。社会的消费观念有问题，才影响到学生的消费观念。要从根本上解决学生乱花钱的问题，应该让消费教育走进德育课堂，通过科学、系统的教育，使学生形成科学的消费观念。

过去，国民经济相对拮据，人们生活总是克勤克俭、精打细算；如今，人民相对富裕，传统的消费观念改变了。"不买最好的，只买最贵的"，这种"土豪"观念颇具杀伤力。在消费水平、消费结构和消费方式都发生重大变化的现实情况下，消费教育却没有得到相应的发展和普及，成为教育的一个盲点。

"历览前贤国与家，成由勤俭败由奢。"中央财经大学心理学博士辛志勇认为，过度消费会伤及中小学生身心。畸形消费观的直接后果即是人生观、价值观误入歧途。他希望学生家长、社会各界，特别是能够直接影响学生的明星名人、现代传媒，各尽其责，尽可能遏制学生过度消费的现象。而从教育系统内部来看，仅凭班主任一己之力，难以从根本上纠正学生的消费观念。因此，要集合大家的力量，将消费教育融入学校德育课程中去，通过长期、系统的教育，逐渐培养学生科学的消费观，进而影响整个社会。

当然，要进行消费教育，首先要建立一套比较完整的消费教育体系。一些发达国家，如美国、日本，都有专门的机构负责开展消费教育，也都将消费教育纳入学校教育之中。反观我国，早在2005年，河北经贸大学教授卢嘉瑞就出版了《消费教育》一书。书中将消费教育定义为"有组织、有计划地向全体国民传授消费知识和技能，培养科学、文明的消费观念和维权意识，提高消费者自身素质的一种社会教育活动"。卢嘉瑞指出，开展消费教育是提高国民素质的必经之路，是促使消费者转变观念、扩大消费需求的重要手段。

消费教育作为素质教育的一个重要组成部分，不仅关系到个体的权益保护、身心健康成长，而且关系到社会的综合发展。中小学生（也包括一部分大学生）正处于身心发展时期，消费观还不成熟，缺乏理财意识、知识和规划人生发展的能力。如果家庭、学校、社会等都不重视他们的消费教育，表面上呈现出乱花钱的现象，实质上是影响了人的生活质量，形成不良的消费风气。因此，在中小学校中推行消费教育，既可以培养和树立中小学生正确的消费观，又可以增长其消费智慧，全面提高学生的综合素质。

开展消费教育是一个长期的、系统的过程。在小学阶段，主要可以通过一些具体的事例来为学生灌输勤俭节约的传统美德。在中学阶段，可以适当上升到理论层面，让学生明白科学消费的重要意义，正确区分生存性消费、享受性消费和发展性消费，特别是引导学生进行发展性消费，减少享受性消费，采取文明消费的方式，实现可持续消费的需要。到了大学阶段，消费教育还需继续。2014年，新的《中华人民共和国消费者权益保护法》颁布，需要全体国民深入学习，真正理解消费的社会意义。所以说，消费教育将贯穿人的一生，覆盖全社会。消费的大环境好了，学生个体的消费行为就会得到正向引导。

（尹宗义／云南省昭通市教育科学研究所）

 尊重学生，因势利导

在现代学生的生活中，自主消费已经是很平常的事了。由于家庭经济水平的普遍提高，许多中小学生都有数量不少的零花钱，可以自己支配买自己心仪的物品，或进行消费。前两年，《课堂内外》杂志曾做过一项中小学生消费的基本状况调查，其结果表明，在日常生活、学习、娱乐、服饰、用品等多方面，学生的消费都有较大幅度的提升。即便是在中低等经济条件的家庭，学生的消费也都有超越家庭承受力的现象。

从教育、社会、家庭等多个角度看，学生的消费不仅仅是经济问题、社会风气问题，也是教育问题、成长问题、道德问题，引导得当会促进其健康、有力地成长，反之，则会影响其身心健康与全面发展。

班里总有学生乱花钱，肯定会造成班级文化、风气的问题。一名学生穿来了名牌衣服，另一个学生带来了名牌手机，形形色色新颖高端的用品、食物和其他消费品，都有可能在学生中产生思想、情绪、心理等方面的波澜，随时可能给班主任的教育工作带来新的挑战。这似乎是坏事，但引导得当，就会有好的效果。面对这样的问题，班主任需要深入调查了解，而不宜简单、轻易地发表意见，最好是通过引导和交流，将不良的消费风气与苗头无声无息地消弭在良好的班级风气的建设之中，也可以通过主题班会等活动端正学生的消费意识。对于这类问题，可以从以下几个方面开展工作。

（一）引导学生树立正确的消费观、金钱观

我们不主张学生乱花钱，并不是不让学生自主消费，而是要让学生知道正确消费与"乱花钱"的本质区别。在历史上和国际上，引导学生具有正确消费观念和体验的尝试较多，同时，相关的消费教育也有多元化的尝试。以往，相关的教育偏重勤俭、积蓄等方面，自20世纪末以来，由于市场、商家和媒体的鼓动，盲目消费在社会上和学校中逐渐形成"乱花钱"的不良风气。

因此，在社会上和学校中引导大家树立正确、健康的消费观、金钱观，已经成为社会文明建设的主要内容。特别是应从中国社会发展、资源保护、经济生活的体验、金钱的作用等方面引导学生，帮助学生体会什么是正确的消费观与金钱观。

要帮助学生明确，金钱与消费均有积极和消极等多种作用，意识到金钱与消费更多的是满足物质欲望，容易滋养享乐、铺张等不良习惯，很容易与人类追求的远大理想和高远志向相背离。同时，也可以因势利导地帮助学生分析，有限的金钱如何使用才最有价值，甚至可以通过游戏、模拟现实、案例讨论，让学生体验金钱多方面的流通作用与合理消费的重要价值。比如，20世纪80年代从国外引进一种与金钱和消费相关的棋类，叫"强手"，在下棋过程中，有关储蓄、贷款、投资、基金、税法等与金钱相关的知识、规则等，能较好地使学生开阔眼界，也能使学生从中体会到金钱的多种用途，甚至感受到金钱的得失出入与个体承受力的关系及影响。

目前，在学校、家庭、社会和大众传媒中，既有积极、正向的金钱与消费引导，也有许多消极、不健康和纯商业的陷阱与误导。对于中小学生而言，在缺少正确、正向的引导之时，这些无孔不入的逐利现象是很有腐

蚀性的。若不直面问题并加以教育和引导，只是消极地回避，不利于学生树立正确的金钱观、消费观，最终影响学生良好道德、品质和习惯的养成。

当然，在树立正确金钱观、消费观的过程中，简单化、政治化、道德化、单纯说教和生硬批评都会适得其反。要意识到，正确的金钱观、消费观，应是学校和班级知识教育、道德教育、生活教育、成长教育、家庭教育的重要组成部分，也是学生全面发展、走向成熟的重要支撑。尽管在目前的教育教学和德育大纲中，还缺少相关的规定，但因为与学生的日常生活息息相关，所以不可避免地应该成为其中的重要内容。

（二）营造"以学为主"的健康班风、校风

应该明确，不良的金钱观、消费观在学生中出现，是有多方面原因的，但如果引导得当，其影响会微乎其微，甚至还会从反面教育学生，促进其正确金钱观和消费观的形成。

从大量实例来看，最容易出现"乱花钱"问题的学生，往往在学习上、成绩上、能力上不具备突出的优势，因此，他们希望通过乱花钱引起同学的注意，争取自信的资本。而一旦这种心理得以满足，吸引了同学羡慕的眼光，对人对己都会产生不良影响。其结果往往是学习动力进一步减弱，认为用钱可以买来自信与尊严；而消费水平达不到的学生，也会出现心理波动，埋怨自家的经济条件，对其身心健康发展明显不利。

在这方面，优良班风与校风的建设是极为关键的。一旦良好的风气成为主导，乱花钱等不良现象就不容易产生较大影响。对于中小学生而言，最核心与本质的任务是学习，那么学习水平的高低就应该是最能为学生带来荣耀和精神满足的资本。而对于有乱花钱现象和问题的学生，往往不必直接批评其做法和想法，而应更多地树立勤俭、好学、艰苦奋斗的榜样，同时，更多地关注他们，帮助他们在提升学习能力、提高学习成绩、挖掘自身特色和潜力等方面找到资本和信心。

笔者在20世纪90年代担任私立中小学校长时，专门为学生开过办手抄报的专题讲座。面对家庭经济状况都不错的学生，我有意识地将他们的

兴奋点、关注点从比吃、比穿、比花钱、比接送汽车的档次、比权势财富，逐步转向比学习、比做事、比综合能力的提高、比品格气质的高雅，并给予其真诚的鼓励与赞扬。我一方面告诉学生，从办手抄报开始可以思考今后办报刊媒体，挣报刊业的钱，甚至可以当报业大王；另一方面，引导学生分工协作，并将主编、社长、翻译、美编、广告人等与报刊相关的角色介绍给学生，让其增长相关的知识能力，体验相应责权的内涵。在学校和班级办手抄报的过程中，一些学习好的学生拓展了知识和能力，而一些在传统的教学环境中优势不明显的学生，则不仅思想感觉开了窍，学习潜力也被挖掘出来，自信心随之有了极大的增强。

在中小学的学校生活特别是班级生活中，建构良好的班风、学风，树立"以学为主"风气的资源和素材极为丰富，可以开展的活动也多种多样。所以，在此所说的"以学为主"绝不仅仅是读书一个方面，必须向多方面进行拓展。根据多元智能理论，许多在传统的教育教学模式中优势不明显的学生，其智能倾向或类型一旦被教师启发引导，就会较好地发展，并向其综合能力的多方面迁移。而一旦学生展示自己、实现自我的途径多了、效果好了，仅以乱花钱、畸形消费取悦同学、寻求关注的做法就会丧失市场，班风和校风也会日渐优化。在学校和班级中，最值得羡慕的将不是乱花钱和过度消费，而是明确自身发展目标后的自主、充分发展。

（三）通过生活体验和理财教育引导学生成长

在通常情况下，经常乱花钱的学生在家里只知道要钱，根本不理会家长挣钱的辛苦，也不可能体会到自己在家庭、学校和社会上应负的责任。如果说金钱是劳动或商品价值的体现，则不管是普通劳动者，还是亿万富翁，其收入都是建筑在各类付出基础上的。

因此，我们不仅需要在学校通过开展各类活动帮助学生体验生活，珍惜别人的劳动，也需要与家长和社会沟通，配合学校的教育施加相应的影响，特别需要通过适量的家务劳动、社会服务等，使学生能较好地体验劳动的艰辛与父母付出的艰辛。

在美国，与金钱和金钱使用相关的教育被称为"理财教育"，不少地方从幼儿园就开始了，而且还有层层递进并相互关联的逻辑关系。一般，从儿童 3 岁开始，家庭或教育机构就开始教孩子识别钱币，在初步了解钱币等价交换功用的同时，也兼及艺术、历史、社会等方面的熏陶与影响。5 岁时，家长会有意识地告诉儿童，钱币可换取相应的等价物，使之了解货币的功能，并可模仿买卖活动。7 岁时开始上学，有了基本的数的概念，便可帮助学生识认物品的价格标签，计算支付和找钱中的具体差别。9 岁时，则可根据学生对社会和生活的初步理解，引导学生制订一周或一个特定时段的开销计划，并做阶段性的反思和交流，使学生能逐渐懂得开销中的各类问题。到 11 岁时，鉴于学生社会化程度的提升，引导学生鉴别大众传媒中的广告宣传，判断哪些信息有价值、哪些具有欺骗性，同时，比较正规化的理财教育也通过课程或讲座形式展开，使学生接触相关的案例，懂得相关的道理。从初中开始一直到高中毕业的 6 年当中，在学校中会进行与学科相关的更加"专业化"的理财教育，会涉及股票、债券、银行存款、基金和其他金融项目，家庭也会支持和鼓励学生尝试做一些投资体验，或通过打工挣钱认识真实的社会生活。这样，学校开展的生涯教育在学生自己丰富的生活经验中可以得到印证。另外，从小学开始，许多国家都要求学生参与社会服务，包括义务和有偿的，主要是培养学生的社会参与意识、公民意识、责任心、生存能力和对父母、社会的正确体验能力。

在合理、适宜的理财教育与社会体验影响下，学生对金钱的认识、感受和相应的能力，在其发展的适当阶段都可以得到较好的充实，因此，多数学生不会对金钱产生过度迷信和依赖，也会树立较现实、较实用的理财意识。相比较而言，以往我国关于这些方面的教育，在学校、家庭、社会和大众传媒中，都是缺失、畸形或是讳莫如深的。也正因如此，对于家长、教师、研究者等来说，遇到这样的问题，便会一头雾水，难以理清其中的头绪，无法给予合理的引导。

当经济活动和相应信息充斥于人们尤其是学生的日常生活时，金钱以及金钱使用的问题明显是不容回避而应积极应对的。就像我们在工业化、民主化、法制化、现代化等方面需要补课一样，在理财教育、金钱管理等方面的探索也需要反思和调整，做多方面积极、务实和"以生为本"的探索与尝试。其价值在于，这不仅有利于学生的发展与成长，也利于社会风气的优化、班级的健康成长和学校教育的完善。

（程方平／中国人民大学教授、博士生导师）

第二辑　越来越凸显的问题

学生与异性交往缺乏自我保护意识，怎么办？

不知如何开展性教育，怎么办？

班里排座位总出现矛盾，怎么办？

新生入学不适应，怎么办？

学生与异性交往缺乏自我保护意识，怎么办？

近几年新闻报道中频频出现学生在异性交往中受伤害事件；在我们周围，学生因与异性交往而导致情绪变化异常，在生活、学习甚至精神上都受到很大影响的例子更不在少数。在这种情况下，作为班主任，我们该如何对学生进行异性交往特别是增强学生自我保护意识的指导？

——贵州·杜云

一、男孩女孩，为何变成"痴小孩"

学生在异性交往中缺乏自我保护意识的原因

第一，孩子的单纯与天真。一些孩子对社会阴暗面和人性之恶缺乏基本了解，对陌生人或身边的人缺乏起码的防备心理，容易轻信别人。在这样的背景下，他们与异性交往时缺乏防范意识，自我保护也就无从谈起。

第二，生理成熟期的提前。现在无论女孩还是男孩性成熟时间都提前了，生理和心理上有了一定可能与需求，又缺乏充实的精神生活，一旦遇到合适时机，就比较容易出现这方面的问题。

第三，"女汉子"的鲁莽行为。有些女孩的思想与做事风格都是"不爱红妆爱武装"，她们总喜欢和男孩子在一起，平常打闹时也没有明显禁区，甚至有时还嫌男同学不够成熟而主动接触一些成年异性。

第四，为爱"献身"的精神。处于青春期的孩子心智还不太健全，一旦陷入恋爱便不顾一切，甚至会有一些疯狂的举动。这种盲目和冲动会造成不良后果，而且一旦受到打击，他们还可能出现疯狂的报复行为或者是自残、自杀行为。

第五，家长不羁行为的误导。现在离异家庭越来越多，孩子生活在单亲家庭中，如果家长在私生活方面很随便，就很可能对孩子产生不良影响。

第六，不良社会文化的影响。现在，媒体上的激情镜头比比皆是，特别是一些明星的桃色新闻、性爱丑闻，使不少少男少女迷失方向，觉得性生活是件很平常的事。如果有这样的想法，自然就不会在这方面注意进行自我保护了。

（李红波／河北省保定市第三中学）

二、花季少年，你的青春谁做主

（一）面对与异性交往随便的学生

小玲是个聪明的学生，成绩优秀，就是和男生交往时过于随便，缺乏自我保护意识。

一天夜晚，我在查寝的路上，发现在操场一角小玲正和一名男生抱在一起接吻。看到我，小玲大吃一惊，顿时面红耳赤。那名男生以为我不认识他，转身溜走了。我想了一下后，拍拍小玲的肩膀说："快去就寝吧！"说完转身走了。小玲也快速跑回了寝室。

第二天，利用班会课时间，我首先念了一封信。信是一个男生写的，其中一句写着："你不答应我，就像一把钢刀插在我心口上！"学生们听了哈哈大笑，我继续说道："这名男生上课不努力学习，却写了一百多封这样的信。我们班许多女生也收到了这样的信，但她们都很清醒，将信交给了我。我为班级里有这样一群明辨是非、冷静处理这类事情的女同学而高兴，说明大家看问题更成熟、更全面、更能辨别真伪了！"我说完，学生们便开始议论如何面对所谓的"求爱信"。我观察了一下小玲，发现平时在课堂上叽叽喳喳的她此时低着头面红耳赤，不说话。

讨论一段时间后，一个男生说："这封信写得很感人，是真情实感的表达，一定是个痴情男生！"一个女生说："这封信是校内一名男生写的，我就接到了这封信，看后就交给了老师！"另一个女生说："这封信我接到过两次，第一次看后心潮澎湃，但回家后我在电脑中搜索，发现是从网上抄的！"学生们听后哈哈大笑。

我接着问："我们班有没有女生因为这封抄袭来的信而真的被打动了芳心？"学生们顿时大笑起来，一个女生说："凭这样一封抄来的信就打动我们的心，我们的心也太容易感动和脆弱了，我们的感情也过于丰富了吧！"学生们报以热烈的掌声。

我接过话题说："在同学们这个年龄阶段，异性相吸很正常，但如何正确看待同学与早恋之间的关系呢？"学生们又开始议论开了。一个学生说："现在的同学可能转化为将来的恋人，但现在的早恋绝大多数无法转化为将来的爱情。我哥读书时和一名女生关系很好，那名女生也很喜欢我哥哥。因为早恋，我哥哥成绩一落千丈，没有考上理想大学。那名女生考取了好大学，工作后却嫌弃我哥哥收入低、发展前途渺茫，就分手了！读高中时，我哥反复劝我千万不要在高中早恋，否则只会浪费感情，影响学业。"

另一个男生说："过早恋爱，如果将来能够继续发展也许没什么，但如果不能继续发展，可能给未来生活带来很多麻烦甚至灾难。我的一位邻居结婚后不久就离婚了。后来我得知，起因是那个女的读书时就早恋，导致结婚后双方不信任。"

……

没想到，学生们对此类情况知道得很多，分析得也很深刻。

班会课后不久，小玲找到我说："老师，我知道那次班会课基本上是为我开的。我也不希望自己早恋，但总是经不起男生的追求。您一次次召开班会课，让同学们收集资料并进行讨论，使我对这方面的认识越来越全面。我知道自己在恋爱问题上过于随便，用一个同学的话说：'一封信、一顿饭甚至一个水果就随便打动一个人的心！'我听了好惭愧，我确实错了。"

后来，我发现小玲不再和异性随随便便地交往了。

（董建华　宋英／湖北省秭归县第二中学）

（二）向名著"取经"

早饭后，小洁急匆匆地跑到办公室对我说，高三某男生不仅光天化日之下在操场上用语言亵渎她，而且还动手动脚，自己内心受到极大伤害，求我帮她。其实，刚开学不久，她也曾两次向我反映高年级男生纠缠她。作为班主任，我当然不能坐视不管。然而，我还没来得及批评高三那几个男生，他们就纷纷说起小洁的不是："大家都可以找她玩，我们为什么不能找她？""我们本来也不认识她，但她的名声实在是太大了，听说她的传闻后，我们只想试试看，看她是不是那样的人。""她的那副打扮、那种神情，一看就是不良少女。"……我对这些男生一一进行了批评教育后，陷入了深思：小洁一次又一次受到莫名其妙的伤害，究竟是谁的错？如果这个问题不能及时有效解决，后果会更加严重。

我认为，作为女生的小洁首先要洁身自好，如果不能稳重、机智地处理好自己的言行，肯定会引起一些不必要的麻烦。但小洁对我的劝说和教育却嗤之以鼻。她认为这一切都是别人的错，自己只是个受害者。教育暂时无法进行下去了，我只好等待时机。

国庆节放假返校后，小洁总是请假不做课间操，请假理由常常自相矛盾，这引起了我的怀疑。我没有苦苦逼问，而是从她的身体健康和未来成长出发给予关心。也许是我多次无条件帮助过她，也许是我真诚友好的态度感化了她，也许我正好说出了她最想说的话，也许我触动了她心中那难言之隐，也许是我以人格担保为她保密……总之，她主动拿出了男孩子写的他俩交往的详细日记，并向我坦承：她与"男朋友"在暑假里一次聚会后同居，后来她身体慢慢发生了变化，因不能告诉父母、老师，最后是"男朋友"的母亲在国庆节放假期间悄悄带她到医院做了手术。

这本日记和小洁的话让我十分震惊和不安，我立刻联系上小洁的妈妈。在看到家里的药品和男生写的日记后，小洁妈妈泪流满面，为女儿小小年龄受到这么大的伤害而悲痛，为女儿的尊严和未来担忧。当双方家长和孩子见面协商时，男孩的态度粗野蛮横，男孩的妈妈也十分冷漠，把一切过错都推在小洁身上。小洁妈妈气得说不出话来，小洁也目瞪口呆，结果双方不欢而散，事情不了了之。男孩子丑陋的言行深深刺激了小洁，特别是当她看到母亲受到侮辱时，顿时对自己深恶痛绝，下定决心一定要洗心革面，做一个爱自己、爱母亲的好学生。

我抓住契机与小洁谈心，并把自己的《射雕英雄传》借给小洁，要求她认真阅读，特别是要对穆念慈和黄蓉进行比较，结合自己的生活，写一篇有关"异性交往安全指导"的日记。小洁写道："穆念慈是一个重情重义的女子，社会经验不足，不但没有外在的保护，内心也没有科学理念，更缺少一种机智。当她遇到一个大骗子、大卖国贼、大坏蛋时，难以把握好自己，最后过上一种悲惨的生活。黄蓉生活经验丰富，机智过人，既有软猬甲的保护，又有独特的眼光和坚定的信念，遇到欧阳克这样的高手坏蛋，她最终保全了自己，过上幸福的生活。我遇到的不是什么大人物，也不是什么大奸大坏的人，可我却被彻底打倒，输得那么惨！黄蓉是高中女学生的好榜样，我真的要好好向她学习！"

在一堂以"女生在异性交往中如何自我保护"为主题的班会课上，我又特意选择播放电影《唐山大地震》，然后重点讲解《唐山大地震》中那对母女的爱情故事。这些动人的情景和深刻的语言让小洁变得更加自信和自律，她的神情向我展示了她已经走出低谷。

从经典名著中能学习到很多做人做事的道理，小洁在看名著的过程中，受到潜移默化的影响，其世界观、人生观、价值观在经典名著影响下一经形成，就具有确定的方向性，对其综合素质和终身发展产生深远而持久的影响。我想，只要家长和老师对小洁进行帮扶和引导，她的未来一定会很美好。

（段云成／浙江省龙游县第二高级中学）

三、远离伤害，我在这里守护你

（一）当学生遭遇性骚扰后

[事件回放]

这天一大早，学生丽亚的妈妈就打来电话说有急事要跟我当面说。当我匆匆赶到办公室时，丽亚的父母已经在等我了。一看到我，丽亚妈妈就焦急地告诉我：前一天晚上丽亚在余老师家补课时被欺负了，但究竟受到余老师怎样的欺负，孩子一直不说。我听后大吃一惊，当得知丽亚今天仍然坚持来学校上课后，悬着的心落下一些，安慰丽亚父母一番，表示先由我来向孩子询问，有什么问题随后再联系。

上完第一节课后，我把丽亚叫出教室，带到早上跟她父母谈话的那个角落。

"你妈妈一大早就给我打电话，刚才你爸爸妈妈也来过办公室了，昨天晚上是怎么回事呢？"我一问，丽亚的眼泪就唰地掉了下来。

"真是余老师欺负你了？"我摸出纸巾递给她。她点点头。

"你在他家补课，难道师母不在吗？他的孩子也不在吗？"她还是点点头。

"是不是每次去他家补课，师母都不在？"她说不是的，但昨天晚上师母出门买东西去了。

"他给你补课，是在客厅里还是在房间里？"她说，因为师母和余老师的孩子要看电视，所以都是在房间里补课的。

"那师母从来都不走进房间里来看看你们吗？"她说师母偶尔会走进来。

"昨天晚上，余老师趁师母不在家，怎么欺负你的？"

"他摸我的手！"她气愤地叫起来。

"我觉得我的手很脏，我想把我的手洗干净，可是怎么也洗不干净！我就是觉得我的手很脏！很脏！"她突然爆发了，号啕大哭起来。

[处理策略]

我走上前，轻轻地拍着她的肩膀，从口袋中摸出纸巾，递给她。我没有再说话。过了好一会儿，她终于有点儿平静了。

我拉起她的一只手说："其实，你的手并不脏，在这件事情上，你没有任何过错。你本来就是一个自尊自爱的人，老师一直很佩服你身上这种可贵的品质。"

她抬起头，惊讶地看了看我，又低下头，喃喃道："我昨天一回到家，就用香皂拼命地洗手，洗了一遍又一遍，可是我觉得怎么也洗不干净！老师，您看，我的手！"她把另一只手也伸到我跟前来。我一看，果真有点儿红，可能是洗得太用力导致的。

我顺势拉住那只手，轻声问她："疼不疼？"

她说："现在不疼了。"

我再一次强调说："你的手一点儿也不脏！你只是排斥、无法接受余老师摸你手的事实，所以就想通过洗手的方式来否定它。但是因为这件事情已经发生了，你又感觉到自己不可能改变它，所以你还是会感觉到无论怎么洗，手都洗不干净。在心理学上，这叫作强迫行为。"

"啊，强迫行为？"听我这么一说，她顿时止住了先前的悲伤，对这个"强迫行为"好奇起来。

"是的，在心理学上，强迫行为是神经症中强迫性障碍的一种临床表现，跟人的性格有一定关系，一般事发前都有社会刺激事件，是可逆的，外因压力大时加重，反之症状减轻或消失。如果你能正视余老师摸你手的事件，想办法解决这件事，你就不会再在心理上产生怎么洗手都洗不干净的想法了，也不会像昨天那样洗那么长时间的手，那么用力地洗手了。"

她若有所思地点点头。

我继续说道："可是要正视这件事情，老师首先要了解事情的真相甚至一些细节。你愿意就这个问题跟我谈谈吗？"

她说："好的。"

我问："余老师就只是摸了你的手吗？这之前他有没有摸过你的手？"

她看着我，告诉我余老师只摸了她的右手。这之前，大概是开学初，天气还很冷，余老师看她的手很冰，也用双手握住过她的两只手，那时，她感觉余老师就像她的爸爸。但是这一次不是这样的，他讲着讲着，就往她身边靠，挤到她坐的凳子上来，还用手摸她的右手。我问她，你一开始表示反对了没有。她说她感到不好意思，只好往边上躲，但是余老师没有停住，继续摸她的手。最后，她实在忍不住了，就跟余老师说自己头痛，想回家去了，然后就逃出了余老师的家。回到家后，就哭了。她越想越生气，越哭越伤心，可是又不好意思跟父母说。她觉得父母都以她为骄傲，出了这样的事情，很对不起他们，因为自己很脏。我再一次肯定地对她说，她一点儿也不脏，这件事情是一个意外，每个人的生活中都会出现一些意外，当一个人没有心理准备的时候，对于生活中的意外，并不是都能应对自如的。我告诉她，以前我读大学的时候，同寝室的一个女生也遇到过类似的事情，她当时也是找了个借口就逃回寝室了。回寝室后，还详细地跟我们描述事情的经过。这个事情，为什么让她在心理上感觉到自己肮脏，是因为它涉及性骚扰。我国现行法律法规中，也有一些与性骚扰相关的条例，如《中华人民共和国妇女权益保障法》。而我们也要学会在对方一开始进行性骚扰的时候，就表明自己决绝的态度，让对方不至于得寸进尺。

听我这么一说，她平静下来了。见她情绪平稳得差不多了，我就问她想不想回教室上课，她说可以，我就让她先回教室去了。

我打电话给丽亚妈妈，告诉她丽亚说的情况。听得出来，她也松了一口气。我让她这几天多关注丽亚的情绪，有什么情况，马上跟我联系。我也一直在观察丽亚的情绪。从她在学校的表现看起来还过得去。我以为事情就这样过去了，毕竟余老师没有对丽亚做出更过分的举动，如果丽亚本人不追究，我也不想把事情弄得更大。

没想到，第二天上午课间操做完后，丽亚又到我的办公室来了。她轻轻地对我说："老师，我听不进课，特别是上余老师的课。我一见到他，就会想起那天的事情。我什么都听不进去！这样下去，我的成绩肯定会退步的！我如果考不上大学，我爸爸妈妈肯定会很失望。我不想对不起他们！"她痛苦地绞着双手。听她这么一说，我发觉事情远没有我想象的那么简单。还有两个多月就要高考了，本来像她这样勤奋好学的学生最容易产生考前焦虑了，现在的事件，恰好引发了她的考前焦虑。我倒了一杯水给她，请她坐下来，让她谈谈现在的想法。她说，她想要余老师当面向她道歉，他得为她现在的情绪负责。然后，她又气愤地告诉我，我们班上还有两个同学在余老师那里补课，可能她们也受过余老师的欺负。

我更加吃惊了，如果不止丽亚一人遭遇性骚扰，那事态就严重了。我马上找来那两个女生，做了半天思想工作，她们终于表示确有其事，但不好意思跟家长和班主任讲。于是，晚自习前，我找到余老师询问究竟有没有发生这种事情，在得到确认后，我让他去跟丽亚道歉，但他那满不在乎的道歉更加刺激了孩子，并促使家长将其告到学校领导那儿，最终他被调离学校。

与此同时，通过我接连几次的心理辅导，丽亚逐步恢复过来，听课效率也慢慢提高了，另外两个女生的情绪也一直很稳定。过了一段时间后，我特意主持了一期班会——当我们遭遇性骚扰时应该怎么办？重点讨论：什么是性骚扰？遇到了怎么办？"我"可以做什么？让学生明确我们能够做的：避免成为加害人，避免成为共犯，避免成为受害人。

[分析、反思]

我在处理此事件的过程中，觉得以下几个方面值得同行借鉴。

第一，判断事情的严重程度，稳定学生的情绪，重视学生的心理健康。学生遭遇性骚扰，一般的受害者，碍于脸面，往往采取息事宁人的态度——不敢声张，不愿声张。丽亚同学是一个性格较为刚烈的女生，遭遇骚扰后，心理反应强烈。她觉得自己很脏，想洗掉手上的肮脏，说明此事件已经成为她的一个心理障碍。所以，我首先要做的事情，就是对她进行心理辅助，用认知疗法让她树立自信，肯定自己仍然是那个自尊自爱的好学生。然后，在保密的前提下鼓励她讲出事情的经过，让她的情绪得到宣泄。

积极共情，安抚学生家长的情绪。任何家长面对自己孩子被骚扰，都会情绪过激。所以，以共情技术，及时赢得家长的信任，对于恰当地处理事件至关重要。

第三，积极维权，经被害人同意，说服加害人向被害人道歉，维护被害人的尊严。

第四，客观公正，充分重视双方当事人陈述事由的权利。虽然在现行规定内，对于班主任的具体工作权限描述不清，但是作为学生在校的第一责任人，班主任只能及时承担起调查协调之责。

第五，坚持保密，处理事件自始至终不泄露双方当事人的姓名或其他足以识别其身份的资料，不扩张事态。

第六，加强教育，防患于未然。通过班会课对学生进行相关知识的教育，这样的处理模式能成为学生应对性骚扰的良好示范。

在处置该事件的过程中，我认为还有以下几点是我本人以及校方要认真思考并加以改进的。

第一，据我所知，现在我国法学界仍无法给性骚扰以规范的定义，也没有明确的性骚扰方面的法律法规，只能以相似法规处罚。如果涉案当事人不承认此事，受害人往往苦于无证据，而处于被动境地。在我国现行学校突发事件处理相关规定中，如何应对性侵害和性骚扰尚是一个空白。在这样的背景下，学校最好能提供一个明确的校园性侵害或性骚扰定义，并且公告周知，使校园内外的师生及相关人士明了，哪些行为是侵犯他人，且可能会损及他人利益和触犯法律的，以便预防此类事件的发生以及避免处理此类事件时面临的尴尬。

第二，学校有必要对班主任进行培训，让每位教师熟悉此类事件的处理流程。我查到台湾地区学校处理性侵害和性骚扰的流程如下：受害者揭露→父母、老师、朋友、社区机构调查→主管及相关人员厘清事件的真相（协助澄清、分析是否要采取申诉行动）→通报教育主管部门→安排专业辅导人员与受害者面谈，有必要则送医检查；若采取申诉行动则启动校园处理机制→安排与受害者父母面谈→提供受害者、家长个别心理治疗→提供家庭治疗。这值得我们借鉴。

（周慧英／浙江省绍兴县柯桥中学）

（二）老师，我能叫您一声"爸爸"吗

小琳是一年前转到我班的住宿生。小琳三岁时，母亲病逝，她随姨妈一起生活。小琳的父亲长年在外打工，平时很少跟她沟通。

就在小琳转到我班的第二周，一件意想不到的事发生了。第一节晚自习刚下，班里两个男生就跑来报告，说小琳跟校外一个男青年外出了。性质严重，事不宜迟，我立即带人去追。终于在离学校两里多路的地方追上小琳。此刻她正和男青年肩并肩地往前走，男青年手里还拎着一个包。我谎称小琳的爷爷来学校找她，才使得小琳马上跟我们回来了。但回到办公

室，当得知这是我骗她回来的借口后，小琳的情绪顿时有些激动，语气很坚定地说她不念书了。我劝了半天也不管用，最后只好打通小琳爷爷的电话，让他先带孙女回家。

第二天，小琳没来上学，我决定去家访。

见我来了，小琳从里屋出来，心情也平和很多，主动跟我打招呼。我进门就说："小琳，现在家中只有爷爷、你和我，没有其他人，所以老师有话打算直说了。我也是父亲，所以我想以一个父亲的身份问你，昨晚，你到底准备去哪里？"

"我不想读书了，准备跟朋友外出打工。"小琳说。

"什么样的朋友？你们是怎么认识的？"我问。

"我们是在网上认识的。他对我很好！"小琳答道。

"怂恿你不读书，怂恿你不经家长同意就擅自外出打工，这叫'对你好'？这样的朋友不可靠。真正对你好的人，应该鼓励你读书和进步。"我说。

小琳沉默了。我接着说："老师是过来人，深知处于青春期的你们，对异性有好感，这是成长的表现，很正常，但这绝不同于成人之间那种男女关系。你现在的一些想法，再过五年、十年、二十年，你自己都会觉得幼稚、可笑。你年龄小，有些事情的后果你没见识过。有些事，一旦你做了，将会悔恨终生。"

见小琳在认真地听，我又讲了一个女生被骗的真实故事。故事中的女生被所谓的男朋友以谈恋爱为名拐卖到外地卖淫，若不是家长及时报警，后果不堪设想。

这次家访收到了预期的效果，一是小琳情绪不再激动，二是她能耐心听我讲道理。

为了进一步教育好小琳，我又采取了四条措施。首先，对班级的座位进行调整，让班长佳佳跟小琳坐，同时安排几个女生做小琳的好友，要求她们时刻关心小琳，以此增强小琳的集体归属感。其次，让小琳加我为 QQ 好友。我有意在 QQ 空间中发一些文章，指导学生如何进行男女生正常交往，在跟异性交往时如何提高自我保护意识。再次，强化学习小组之间的竞争，尽量将学生的兴趣转移到学习上来。最后，定期在小范围内找学生谈心，在找小琳谈心时，跟她直面早恋问题，鼓励她用理智"跳"出这段不正常的情感，让其"冬眠"。

功夫不负有心人。我的宽容、耐心和真诚，终于打动了小琳。从此，小琳又恢复正常的学习和生活，成绩开始稳步上升。临放假时，她递给我一张贺卡，上面写道："……听说您下学期要调走，我们都很不舍。分别之际，我能叫您一声'爸爸'吗？"能当上这个"老爸"，我觉得无比幸福，但也真的很不容易。

（严于庆 / 江苏省滨海县坎北初级中学）

四、健康交往，不必"假装不理不睬"

（一）我教学生"套近乎"与"说真话"

我任教的学校是一所农村寄宿制小学。一天深夜十一点半，宿管老师打电话说查宿时发现一个女生找不到了。我赶到宿舍询问无果，又与很多同事分头在校园内外寻找。快十二点半时，宿管老师又打来电话，说那女孩回去了。原来女孩为了第二天给一个男同学过生日，当晚在男生宿舍和另一个男生一起制作贺卡，后因困了就和男生睡在了一起，直到宿管老师查看男生宿舍时才发现。

我静下心来思考这件事，除了学校寄宿条件达不到标准（男女生宿舍中间只有一个活动的玻璃门隔开）之外，学生缺乏自我保护意识才是主因。那么，怎样才能让学生意识到危险的存在，学会保护自己呢？通过实践，我发现让学生学会和异性"套近乎"、"说真话"是一个不错的办法。

"套近乎"，顾名思义就是主动和别人打招呼。小学高年级学生逐渐进入青春期，有了对异性朦胧的羞怯和向往，希望得到异性的关注和赞美，开始注意自己的外表和言行，也会刻意表现自己的优点。在与异性交往中，他们会抓住机会向异性靠近，甚至创造机会表现自己。

我曾经发现两个学生关系有点儿异常，便找了一个机会，在全班学生面前拿他们开起玩笑。我说，我曾经看到男孩在座位上如坐针毡，眼睛不断瞄向女孩，莫非你想过去和她说说话？那你就放心大胆地去嘛，有什么担心的？不就是说说话吗？我相信大家都能理解你的心情。全班学生都笑了，那两个孩子也相视一笑。我接着说，我教给你们一个和异性套近乎的方法，就是不要那么羞怯，也不要编造那么多的借口，直接说我想和你聊聊，或者说我想和你坐在一起。孩子们很惊讶，说：万一被拒绝了呢？我一下就乐了。我说，看来你们心中都有一个渴望去靠近的人。孩子们叽叽喳喳炸开了锅。我于是说，大家可以去试试，不要拐弯抹角，不要编造理由，或许你会有意想不到的收获。

其实，我知道孩子们肯定会尝试我的方法，这正合我意。因为这样直接的交流方式会压缩异性之间的遐想空间，减少因为话语的不透明而带来的猜测和揣摩。而且直接交谈能够迅速消除彼此的陌生感和新鲜感，让他们将友情进一步发展。小学生的感情相对单纯，在相处时也能够比较融洽，良好的伙伴关系有利于他们正确定位自己所承担的角色和义务，对对方的角色有更深刻的认识，并且对由异性所带来的危险比较敏感，一旦发现危险，就能及时采取自我保护措施。

"说真话"，就是真实地表达自己的想法。这看似简单，做起来却并不容易。小学高年级学生都想在异性前表现出自己最好的一面，于是谎言和搪塞随之而生。谎言的杀伤力在于迷惑对方心灵，搪塞的杀伤力在于掩盖真相，这都足以让对方缺乏足够的辨别能力。我接着上面的例子告诉孩子们，如果我和异性交往，会直接告诉对方我的想法，这不仅是对对方的尊重，也是继续交流的前提。谁愿意和一个满嘴谎话的人做朋友呢？孩子们纷纷点头。

说真话的好处在于，异性之间的尊重感和信任感得到提升，礼仪和行为方式也会得到相应约束，当对方出现出格举动时，就能够察觉并且采取措施。

当然，对孩子们的安全意识教育也必不可少。告诉孩子们在异性交往中要保持适当距离，单独相处不要超过十五分钟等；让孩子们认真聆听对方，思考对方的话语，当发现危险存在时即刻脱身。这是班主任必须教给小学高年级学生的重要知识。

（张伟 / 甘肃省玉门市中国石油铁人希望小学）

（二）如何开展正确的性教育

学生小美由于父母不和，对她缺乏关心和爱，上初中后，便开始上网交友，希望从陌生的网友那儿感受到心灵抚慰。后来，同村男孩小亮成了小美最好的网友。小亮比小美年长两岁，初中没读完就辍学打工。两人成网友后便见面、约会，并很快偷吃了禁果。小美谈恋爱的消息传到家人那里，父母亲非常生气，便粗暴打骂，没收手机，每天都到学校跟踪、监视小美，最后还把小美送到广州读书，以断绝其与小亮来往的后路。然而，这些做法不但没有使小美有所醒悟，反而使其在 QQ 留言上写下"我恨我自己，我讨厌我自己"。

得知小美的情况，我很担心这些会给她的身心带来创伤，一直思考该如何开展正确的性教育，以提高小美及其他学生的自我保护能力。

我认为，小美的问题在今天的中学生中并不少见，作为班主任，我们要理解青春期学生性生理发展带来的性心理改变而产生与异性交往的渴望，转变落后观念，防止戴有色眼镜看待类似小美这样的孩子。我们还要创设情境，让异性学生集体交往，通过开展团体活动，让男生和女生在团体辅导中开放自己，了解彼此，满足心中对异性的好奇感。

针对小美的具体情况，我决定采用主题班会形式促使学生自我认识和自我成长。我先后组织开展了两次班会。第一次是"青春论坛"，主要通过设计一个"秘密大会串"活动，探讨学生青春期的困惑。首先，让学生品尝青苹果——感觉青苹果又酸又涩又甜，勾起学生对青春味道的想象。接着，让每个学生匿名写下自己青春期的困惑并将其投进"秘密匣子"，再由学生自愿上台抽取"秘密匣子"里的问题开展讨论。青春论坛就是这样开展起来的，从羞涩到放开，从不敢讨论到大胆谈论。学生也跟着青春论坛打开思绪，踊跃把自己的秘密不断投进"秘密匣子"。当学生愿意探讨青春期的烦恼时，班主任再从旁加以引导就能收到较好的效果。

根据人本主义心理学思想，人有自我成长和自我实现的需要，所以人会自我选择生活方式并且有自我选择的理由，并按"潜能"发展。所以第二次班会，我设计了主题为"青春的选择题"的方案，采用学生青春期的故事情境，按邀约—求爱—危险的邀约—性要求—我的选择等线索，编成情景剧。每一幕情景下都有接受和不接受两个选项，学生通过故事情境，身临其境做出自己的选择并讨论选择的理由，从而正视内心感受。接受的理由和不接受的理由以及如何拒绝的技巧和做法……通过这样的体验式主题班会课让学生得到从未有过的关于"性知识"的正面教育。

总之，性教育的目的更重要的在于性安全教育，引导学生正确认识性安全、性卫生知识；降低性对学生的神秘感，在尊重学生心理需要的前提下，推迟学生发生性行为的年龄，教学生等待成熟的性。

（杜新儿 / 广东省食品药品职业技术学校）

守好底线，勇敢说不

每个人生存在这个世界上，有着不同的身份和角色，其中之一就是性别角色。在人类生生不息的繁衍发展中，男性与女性各自承担着不同的任务，彼此相互依存，不可或缺。同时，在人类社会的发展演变中，人们对男性和女性的社会行为又表现出迥然不同的期望。例如，温柔、体贴是女性的标志，而粗犷、豁达则成为男性的标志；女生从小喜欢玩过家家、毛绒玩具，喜欢蕾丝花边、花裙子，男生从小喜欢户外奔跑、车刀枪玩具，喜欢拼插与拆装。这其实都是社会发展进程中，人们逐渐演化出来的男性与女性的行为特征。也正是有了这些差异，这个社会才显得缤纷万千，充满着惊奇和惊喜。

与此同时，衍生出一个重要的课题，即男女生的性别教育及其相应的自护教育。男女生的性别教育非常重要，它包括男女生的生理卫生差异、心理卫生差异、行为差异以及相应的道德要求等。性别教育可以是刻意的，如开设课程或者进行专题教育；也可以是自然发生的，即伴随我们日常生活中自然发生的事情随时随地进行，如爬山时会说"呵，这点儿困难哪能难倒我们男孩子呢"，希望同学互助时会说"男生要帮女生拿一会儿，体现男子汉气概啊"，也会说"有好吃的，女生别忘了分男生一些，要相互照顾哈"，还经常会针对一些特别情况说"要有女孩子的样子"、"要有男孩子的样子"以及"男儿有泪不轻弹"，等等，都是自然状况下发生的性别教育。至于性别教育应该从什么时候开始，我个人觉得其实从一出生，甚至从受孕后知道是男孩还是女孩时就开始了。也就是说，教育并不是仅仅取决于教育者的主观意愿，还受到被教育者特征的影响。当父母知道自己的孩子是男是女时，父母自身对性别的认识和期望就会不自觉地影响到亲子互动的每个方面。比如，父母在给孩子买衣服时所选的颜色、款式，给孩子选故事和音乐时的主题、内容，给孩子选玩具时的类型、材质，等等，都不自觉地带出了对性别的期望，不自觉地践行着性别教育。只是，这些未必都上升到意识之中。当然，也有很多是有意识的性别教育，比如要求男孩子要站着撒尿、女孩子要蹲着撒尿等等。也有国家提出在孩子 4 岁时，异性父母要和孩子一起洗一次澡，使尚未建立性意识的孩子在一种自然的状态下，能接收到关于不同性别人体外形结构差异的直观信息，作为性别认识的重要方法。到青春期，即以第二性征发育为界，这时通常会开展比较集中、指向明确的性教育。性教育和性别教育并不完全相同。性教育只是性别教育的组成部分。

在上述这些性别教育中，有一项内容非常重要且必要，即基于性别的自护教育。它包括卫生清洁的教育、避免运动伤害的教育，还有人际交往中的自护教育。卫生清洁，主要是指要教给孩子定期经常清洗阴部，保障其健康发育的良好习惯。男孩子也需要如此。通常，这是家庭教育的重要职责。避免运动伤害，是指在游戏或者体育运动的时候，要关注到对男女生阴部和女性乳房的可能伤害，要教给孩子如何避免或者自救的方式方法。如骑自行车、骑马等的摩擦损伤，球类运动时的直击伤害，摔跤、击剑等近身搏斗时的误伤，等等。通常，专业的机构、专业的教练对此都有专业的了解和足够的经验，他们会及时提醒、教育和帮助孩子。由于卫生清洁教育和避免运动伤害教育都是在特定环境、特定情境中发生的，所以相关的自护教育比较明晰，也更容易把握。而人际交往中的自护，由于涉及情境相对宽泛，其教育也就更具挑战性。

人际交往中的性别自护教育，其本质是一种"底线教育"。即无论身处什么样的人际交往中，都不能突破最后的底线。也就是，要守好底线。这对于未成年人的健康成长而言，尤为重要。那么，基于性别自护的需要，其底线到底是什么呢？

（一）建立隐私及隐私保护的概念

从小就要告诉孩子：每个人都有一些不能被人随便碰触的地方，也有一些不能随便和人谈论的话题，这就是隐私。一般来说，只有你最信任和最亲密的人，才有可能碰触、谈论你的隐私。医生是特例，但也必须得到你的允许才行。还有，在你没有长大、没有独立成人之前，即使去看医生，也必须有父母或其他监护人陪同，才能做涉及隐私的必要检查，等等。

隐私教育的关键，其实是在培养孩子的权利意识，同时确保这个社会是在尊重孩子尤其是未成年人正当权益的基础上进行运作的。这是底线中的底线。所以，如果孩子不同意，那么即使是父母，也不能随意触碰孩子的隐私之处，不能随意谈论涉及孩子隐私的话题，否则都是对孩子的不尊重，甚至是侵权和妨害。这也是对孩子进行的自尊教育，是对孩子进行独立人格培养的重要组成部分。同时，在很大程度上，也可以避免在西方国家多发的家庭中年长者对年幼者的猥亵与性侵害事件的发生。

（二）设立身体范围的底线

最简单的思考就是：在公众场合，穿衣时能够穿到最少时所遮蔽的范围，即为身体范围的底线。显然，泳衣是最直观的形象判定，也最容易使孩子了解并记住这一身体范围之底线。而且男女生不同。女生分为上身和下身，男生以下身为主。这和第二性征的发育无关。也就是说，女孩子的胸部和阴部、男孩子的阴部，无论孩子是否足够成熟到出现第二性征，都是不能被随便触摸的。当有任何人，只要是有意识地触摸这些地方，尤其是反复触摸，并且伴随有奇怪的表情和语言，都是绝对不被允许的。父母或者老师要将这个底线清晰地告诉孩子，并且告诉孩子，一旦发生这些情况，就要马上告诉父母或者父母委托的临时监护人，或者他／她身边最信任的成年人，请求保护。接下来，父母将会全权处理，并最终给孩子一个合理的解释。

通常，关于身体范围底线的教育，实施时要自然一些，可以结合游泳课进行，也可以结合沐浴的时候进行，需要反复、多次提醒。家庭要有意识地配合学校的教育，即要尊重异性子女在父母面前的穿衣方式，确保孩子的自护意识深入其心，成为一种自觉行为。至于如何识别被猥亵或者被侵害行为，以及一旦发生该如何应对等，无论是在课堂上告诫学生，还是在私下里告诫孩子，表情都要郑重、严肃，使学生或孩子意识到问题的重要性，达到告诫的目的。通常不需要反复提醒，否则容易人为地将事态严重化，尤其是对于年龄较小的孩子，可能还会造成某种惊吓。对于个别特殊的学生，可以采取私下多次提醒的方式。

（三）设立社交行为的底线

主要是通过帮助孩子识别亲密关系中的行为方式，建立起社交行为的底线。人类的交往方式与各国的文化背景密切相关，因此识别是否属于亲密关系的行为方式时要兼顾到国情的因素。比如在中国，拥抱和亲吻，都是属于亲密关系下才有的交往行为，只属于普通关系的社会场合中少见这样的交往行为，即使是熟人之间也非常少见。但在不少西方国家，拥抱和亲吻却是较为常见的熟人之间的问候方式。因此，要告知孩子，如果有人以这种行为方式对待自己，尤其是并不是来自亲密的家人，尤其是还同时伴有不被允许的触摸、奇怪的表情和语言，那一定要迅速挣脱，想办法离开，并且马上告知父母或其他监护人，寻求保护。

除了亲吻、拥抱，还有一些比较模糊的临界行为。比如，目光总是停留或反复游移在不被允许触碰的身体范围之内；不断地触摸脑顶或者后背，或者不断握住肩头，或者不断碰触大腿甚至大腿内侧，等等。如果这时还伴有一些奇怪的表情和语言，那通常也是"危险"的，应立刻有所警觉，并做好随时撤离的准备。同样，需要在第一时间告知父母或者其他监护人。表达友善且安全的行为方式，通常包括握手、碰触肘部或者上臂外侧，还可以碰触膝盖但避免膝盖以上。这都是安全的社交行为。所以，社交行为的底线，一是来自明确的碰触范围和碰触方式，二是以当事人"舒服"或者"不舒服"的感觉为界限。凡"不舒服"者，均可被定义为冒犯，严重的甚至可被定义为侵害、猥亵等不良行为。

（四）设立社交场所的底线

这和孩子的年龄大小无关，即使是没有出现第二性征的孩子，也要注意避免参加那些缺少负责任的成年人监管的社交活动，避免去以异性为主、自己容易落单的社交场所，避免去和某位异性单独在一起的封闭空间，更不能去不适合未成年人逗留的娱乐场所。如果前期防范意识不强，已经进入上述这些社交场所，那首先要选择尽快离开，其次可以借"与家人通话"的方式来"警告"可能的不良企图。通话时，要告知家里人自己在哪里、预计何时离开，甚至可以要求家里人来接。这个电话最好是当着社交同伴的面拨打，这对于那些蓄意有不良企图的社交同伴而言，无疑是一个不可忽视的警告，也为后续能安全顺利地离开埋下伏笔。最后，就是要尽可能减少社交空间的封闭性和私密性，如打开门窗、不断点餐增加服务员进出的频率，或者直接提出更换地点，等等，来进行有效的防范。

可能还有一些底线需要考虑，然而在我看来，上述四条是必须的。做到了，则可以最大化地减少被性侵害的几率。至于能否做到切实守住这些底线，尤其是当被触犯了这些底线时，是否能勇敢地说"不"，则和孩子是否拥有自信、勇敢的品格有着很大关系。通常，安全感强的孩子自信、勇敢，否则容易自卑。自卑的人，由于自我概念很差，不相信自己可以保护自己，不相信自己值得被信任，也不相信自己值得被好好爱护，所以有时会选择自暴自弃，放任伤害发生；有时会因怯懦退缩而不敢自护，继而任伤害发生；有时也会因赌气或者急于证明自己，放任自己走入危险的境地而最终无法自救。这些孩子，即使察觉到底线被突破，通常也无法勇敢地说"不"。所以，教育并引导孩子绕开被性伤害的泥沼，不是简单地设立"底线"即可，需要从根本上帮助孩子树立良好的自我概念，让孩子懂得自尊自爱、自强不息。这才是关键。

伤害一旦发生，后续跟进处理以及最终给孩子一个合理的解释，不仅非常必要，而且同样具有值得探讨的教育性。在跟进处理中，首先，要避免事态扩大化，一定要在最小的范围内处理，避免更多不相干人员卷入。通常不相干人员不能感同身受，也不具备专业素质和训练，难免会夸大其词，甚至闹得沸沸扬扬，这对孩子日后继续正常的生活是一种极坏的影响。

其次，对作恶者一定要严肃处理且严惩不贷。一旦查清情况属实，无论怎样低调处理，对于作恶者都绝不能姑息或迁就，一定要予以严厉惩罚。否则，当事的受害者以及未来更多的未成年人的身心健康将无法得到保障。这是绝对不可以讨价还价的部分，也是国家法律严厉打击的重点工作之一。

再次，要始终关注当事孩子的感受，要以其切身利益和未来发展为第一要务。尤其是在给孩子合理解释的时候，一定要明确肯定孩子的勇敢，明确告知孩子事实的真相：是误会，还是一种不可饶恕的"错误"。并且要告知孩子处理的结果。当然，要用孩子能懂的语言。比如，为了不让更多的小朋友感受到"不舒服"，能每天快快乐乐地上学，这样的人不能再当老师，他已经被责令离开学校，去接受再教育了……

最后，还需要和当事孩子再次澄清这些底线，并看着孩子的眼睛肯定地告诉孩子：发生这些事情我们感到很遗憾，也很抱歉，但是你没有任何错误，有错误的是那些人。你不但是个好孩子，还是一个勇敢的好孩子，因为你的勇敢，使得更多的孩子在他们的学习生活中得到了保护，可以更加健康快乐地成长。谢谢你！同时，相信你也会在接下来的学习生活中找到更多的快乐，获得更大的进步……因为很多孩子在这种时候都会怀疑：是否因为自己做错了，才出现了一些"不好的"结果。所以，家长、老师和所有孩子信任的人，都要不断地向他保证，强化他是个"好孩子"的概念。这不但有助于孩子尽快从所受的伤害中平复过来，而且能够顺利开始以后的正常生活。所以，在处理和善后过程中，周遭成人的心态、处事方式，都将起到一个很积极的暗示作用和很好的示范作用。

为确保孩子的身心健康，让我们一起教孩子学会"守好底线，勇敢说不"吧。

（芦咏莉／发展与教育心理学博士，北京第二实验小学副校长）

不知如何开展性教育，怎么办？

　　《中小学健康教育指导纲要》中要求学校通过多种宣传教育形式开展包括性教育在内的"健康教育"。但实际上，在性教育课堂中老师们却有很多困惑：如何保证教育内容与学生的需求相契合？到底应该更开放点儿还是更保守点儿？在术语的使用上，该模糊还是清晰？在讲到某些知识时，有的学生接受不了，有的内容学生似乎比老师知道的还多。究竟该如何进行性教育，请高人支招儿。

——浙江·吴奈

一、科学有效的性教育从何入手

　　不失时机地进行青春期性教育，对预防和抑制青少年的性过错、解除性神秘感、避免盲目地获取"性知识"，有着积极的现实意义和深远的历史意义。笔者认为，科学有效的性教育应从以下几方面入手。

（一）传授科学的性知识

　　性意识是人与生俱来的本能意识，一旦有了相应的环境刺激，必然会被唤醒。人为的割裂或压抑，不可能从根本上消除人的性本能。教育者必须认识到，正是这种本能使人类种族得以延续和发展；性是人类一种崇高的行为。因此，对学生进行性教育，把科学的性知识及时、准确地传授给青少年学生，是解除性困惑、性神秘感最行之有效的方法。令人欣慰的是，教育部已在 2000 年颁发的新课程标准中将性健康教育列为重要内容之一，并对有关性心理、生理方面的教学做了具体而明确的规定和要求。据悉，有关部门正在积极考虑将"青少年性健康及其保护"纳入法律体系中。

性教育涉及的范围非常广泛，除了教育学生认识性器官，了解其构造、特征和功能，教育学生科学认识月经和遗精现象，开展性卫生教育外，更重要的是引导青少年学生以正确的态度对待性，帮助他们树立正确的性心理，这也可以说是一种人格教育。我国研究者认为"性教育的目的，不仅仅在于让学生掌握性的知识，更在于让他们理解性的本质及社会功能，培养他们对爱情、婚姻、家庭的责任感和义务感，正确同异性交往，缩短其社会成熟的进程"。而正确的心理指导不仅能消除青少年学生的消极心理反应，有利于他们的心理健康，而且对他们日后生理健康和性生活也会产生深远的影响。要使他们认识到美的标志首先是心灵美；要训练他们对性欲望和性冲动的调整及控制能力；要加强他们心理素质的锤炼，使他们学会用理智克服情感，用纪律、道德、法律严格要求自己，建立对性的不良行为的健康有效的防御心理。总之，性教育是随着社会、政治、经济条件的变化而变化的，其内容十分丰富，而不是单纯讲解生殖器官。

（二）树立正确的性道德意识

首先，成人要在向青少年学生传授性知识的基础上，帮助他们建立起这样一种观念：人类的性不仅是一种自然现象，更是一种社会现象。人类两性结合不同于动物之处在于人们总是通过一定的社会途径（例如经人介绍或自由恋爱），采取一定的方式（订婚、结婚）并遵循一定的社会规范（风俗习惯、法律规定、道德规范等）才能进行的。如果将性看作男女之间自然的私事，随心所欲，就会导致社会混乱、道德沦丧，个人也要遭到社会的谴责和抛弃。因此，人们要自觉遵守性道德规范和法律。

其次，要教育青少年学生对待性问题采取正确的态度。一方面不能受封建礼教残留的影响，对性采取压抑禁锢的态度，歧视女性，错误对待男女之间的正常交往和情感；另一方面，要防止受到西方性解放思想的影响，把性看得非常随便，甚至认为是时髦的表现。

再次，由于青少年还不够成熟，往往把对于性的限制当作对他们权利的限制，于是故意和成年人作对，做出一些放纵的行为。我们要帮助他们树立正确健康的性道德观念，向他们说明无节制的性行为是人性的倒退，作为现代青年，要做一个真正的现代人、文明人。

（三）养成良好的性道德行为习惯

要注意在日常生活中培养青少年学生的性道德行为习惯。例如，要求男孩子主动帮助女孩子，重活、脏活抢着干；养成女士优先的礼让意识等。要坚决杜绝歧视、欺负女生的行为，杜绝有性色彩的脏话，不要迷恋谈情说爱的文艺作品，等等。同时，要求女生也不能总依赖男生，要自尊自爱，在异性面前举止大方、端庄，避免举止过分热情或不适当的亲近。不要阅读不健康的书刊，不要随便议论有关男女关系的传闻。在平时的具体教育中，还可以介绍一些优秀典型和反面教训的事例，使学生既有学习的榜样，又有警惕的界限。总之，培养青少年良好的性道德行为习惯，一要靠他们自身的努力，二要通过家庭和学校的督促、教导。只有这样，才能使他们顺利度过躁动的青春期。

（四）建立稳定的性情感

青少年学生性情感发展的突出问题是自我控制力低、情感发展不稳定，这一时期产生的对异性的爱恋比较强烈。教师要倍加关注，积极引导学生用理智控制盲目冲动，避免发生早恋现象，给学习和生活带来消极影响。

稳定的性情感发展需要健康的异性交往和友谊的建立。处在青春期的学生，在与父母早期联结起的情感分离后，必然产生新的情感寄托。当强烈的自立意识与情感的依赖性发生矛盾时，特别需要同伴，尤其是异性同伴的友谊，以获取情感的支持和理解，形成安全感。因此，教师要教育学生把握交往分寸，锻炼他们理智分析和冷静控制的能力；要教育学生把男女交往中的两性关系建立在伦理道德基础上，让他们自尊、自重，讲究文明礼貌，具备应有的尊严和自制力。

（五）性罪错的预防教育

青少年学生性欲念的强度是随着外界刺激的增加和性体验的积累而递增的。随着影视、书籍、刊物、网络中性爱描写的增多，外界性刺激影响越来越强烈，加上此时自身的生理发育，他们会对性产生好奇和探究心理，这种心理特别易受外界影响而发生动荡。所以，他们关注两性间的关系，对外界有男女亲昵相爱的举动，书中、影视中、网络中的爱情画面和描写非常热衷。这种刺激反过来激发了内因，就形成更强烈的对外来刺激的寻求。久而久之，青少年学生的性意识越来越强烈，以致"早恋"，有的甚至发生偏离社会伦理道德、违法犯罪的性活动。因此，必须做好对他们的性罪错的预防教育。

一是要防止性引诱。当前，最普遍的引诱来自部分意境低下的小说、电影、电视、书刊、网站等社会影响，还有私下传播的淫秽录像、影碟等。有些诱因在成人看来是正常的，但对青少年来说则具有很大的刺激性。因此，教师要在学生头脑中筑起一道自觉拒斥不良性刺激的思想屏障，帮助学生掌握鉴别行为优劣的标准，使他们自觉区分善恶美丑，主动抑制各种引诱的侵袭。二是防止性侵害。对于女生要特别强调抵制性侵害，教育她们树立自尊、自重、自爱意识，有坚强的自我保护能力，以免在不利的环境中向错误和迷乱妥协。为防止性侵害，教师还需要格外细心地观察学生的言谈、举止、服装、发型、情绪等方面的变化，发现苗头要及时进行耐心的说服引导。

当然，要想抓好青春期性教育，还需要学校、家庭和社会有机地结合起来，共同抵制社会的不良影响。要多点儿预见性，少点儿盲目性；破性的神秘论，立性的科学观；破性的自由论，立性的严肃观；破性的无师自通论，立性的有师教育观；热情地关心、帮助和引导，使广大青少年学生沿着健康的方向发展，成长为具有现代文明的人。

（马新书／江苏省东海县房山高级中学）

二、国内外性教育现状及启示

性教育，既不是单纯的性知识传授，也不是杂乱的信息渗透，而是指用有关人类性问题的科学态度和科学知识武装人们的头脑，使人们在性问题上有高尚的情感，保持正常的两性交往，性生理和性心理发育正常，懂得恋爱、婚姻的真正意义。它是人格教育的重要内容。

众所周知，我国是一个比较传统、内敛的国家。性长期处于一种禁锢状态。人们羞于谈性，耻于谈性，总以为：性，无师自通，根本不用学习。然而，随着时代的变迁，当一个个令人震惊的、与青少年有关的性犯罪鲜活地摆在面前时，我们才痛心疾首地发现：忽视性教育是一件多么可怕的事！

不满14岁的小学六年级女生李某与不满16岁的初中三年级男生朱某发生性关系后怀孕，并生下一个男婴。

小雪是上海某中学的一名初三学生，意外怀孕产子后，被同班一男生发现她产后溢乳，要挟她天天喂奶。后来要求喂奶的男生发展到4名，其间小雪一直不敢声张。最后人数越来越多，该男生竟然公开收费，最终被校方发现。

15岁少年殷某，在一家个体录像室看了黄色录像片后被刺激得热血沸腾、无法控制。他趁堂姐给他开门、让座不注意之机，从身后掐死了堂姐，并强奸了她。随后他又抢走屋内金银首饰，犯下了强奸、故意杀人、抢劫的弥天大罪。

甘肃某小学，39名7至14岁的女生被一老师多次奸淫、猥亵。最可悲的是，在其作案的18年里，竟无一名学生或家长向公安机关告发。

读罢以上案例，你是否还认为对少儿开展早期性教育毫无必要？

早在1963年，周总理就要求把性卫生教育当作移风易俗的大事来抓。可是，过去半个多世纪了，情况依然不容乐观。在我国现行规定的课程安排中，性教育从初中二年级开始，主要对象是青春期的中学生、大学生。但随着生活水平的提高，我国青少年的性成熟时间比10年前提早了近1岁，不少学生小学未毕业就出现了遗精和月经，小学高年级学生和初一学生成了被性教育"遗忘的角落"。而在中学课堂上,性教育课本基本上只有生理卫生教科书。课本内容陈旧,主要停留在健康教育的层次上,对怀孕、性生活等知识遮遮掩掩。对于性,许多学校更是抱着"不讲比讲好"、"出了问题再讲"的观点,即便是唯一能讲到"性"的生理卫生课,也是"老师挑着讲,学生偷着看"。学校教育隐晦,家庭里同样讳莫如深。

相比我们滞后的、遮遮掩掩的性教育,国外的一些做法却让我们叹为观止。

瑞典的性教育成为世界性教育的典范。从 1942 年开始,瑞典对 7 岁以上的少年儿童进行性教育。教师采用启发式、参与式和游戏式的教学方法,内容是在小学传授妊娠与生育知识,中学讲授生理与身体机能知识,到大学则把重点放在恋爱、避孕与人际关系处理上。1966 年,瑞典又尝试通过电视实施性教育,打破了家长对性难以启齿的局面。瑞典自 1933 年开展性教育以来,其教育模式取得了显著成效:性病的患病率极低,20 岁以下女孩子怀孕生育的情况几乎没有,全国 HIV 阳性人数至今仅有5132 例,出生率和死亡率明显下降;堕胎率极低,性病和性犯罪比例也在不断下降。

在 20 世纪 70 年代初,性教育进入了芬兰中小学的教学大纲,连幼儿园也有正式的性教育图书。芬兰一面加强性道德教育,一面从性保健出发进行性知识教育。芬兰有本性教育书——《我们的身体》,家长可以像讲《一千零一夜》那样每天讲一节,性教育就自然而然地开始了。三十多年过去了,芬兰的性教育取得了举世瞩目的成效,被国际人口与发展大会树为典范。

美国从小学一年级起就开始传授生育、两性差异、个人卫生、性道德等知识;初中阶段讲生育过程、性成熟、性约束等知识;进入高中时期讲婚姻、家庭、性魅力、同性恋、性病、卖淫现象、性变态等知识,并向学生发放避孕套。凡综合性大学都有社会学系,凡有社会学系的都开设有关性教育的课程。尽管少女早孕现象在美国很普遍,但在采取一定措施后,早孕人数已急剧减少。

荷兰拥有欧洲国家最低的青少年怀孕比率。荷兰孩子自 6 岁进入小学起就开始接受性教育，与学其他课程一样，没有什么特别之处；孩子们还可以自己做研究报告，甚至会在餐桌上和父母讨论这方面的话题。

日本的性知识是从小学一直教到高中的。小学第一册卫生课教科书封面上就印有女性和男性的身体和性器官。

在马来西亚，4 岁小孩也要学性知识。

由此可见，性教育必须早抓！而且抓得越早，活动越容易开展，越能有效地预防性问题的发生。那么，作为一名有责任心的老师或家长，我们能否在青少年性教育方面做一些大胆的、有益的尝试呢？

首先，我们要改变观念，树立科学的性教育观。

孩子在成长，需要认识世界，同时也需要认识自己、认识两性。帮助孩子科学地认识性，这也是一种非常重要的学习。如果他们缺失了这种教育，就会对性充满好奇，甚至过早尝试；如果他们遭受性方面的伤害，精神上也会遭受巨大的打击，甚至会毁了一生……趁孩子还懵懂无知的时候，你要真诚地与他谈我们的身体构造，谈两性身体的差异，谈青春期身体的变化，谈每一个生命的孕育过程，等等。只要态度自然、大方，你就不会觉得尴尬。因为他们认知世界尚浅，并没有我们成人想象中的那么复杂。向少年儿童开展性教育，是我们每个家长和老师应尽的责任和义务。

其次，要抓住生活契机，自然而然地进行性教育。

"为了性而坐下来正经地谈性"，这是最失败的性教育方式。鉴于我们的文化背景、生活环境以及内敛的性格特征，我们和孩子谈性时要尽量做到自然。

在日常生活中，家长可以利用很多机会对孩子进行性教育。我侄子进入初中后不久，身体开始发生变化：长胡子，长青春痘，长喉结，声音变得沙哑……我提醒儿子注意观察表哥的这些变化，告诉他表哥要开始变成大人了，他有一天也会这样。有时我来月经，会让儿子帮我洗洗碗，或递一包卫生巾。有一天，他问我："妈妈，卫生间的垃圾筒里怎么有血啊？"于是我和颜悦色地告诉他，妈妈来月经了。每个女人到了一定的年龄都要来月经。月经标志着女人已经成熟，能够当妈妈了。儿子最喜欢看的电视节目是科教频道的《人与自然》。对动物交配，他已经见惯不惊。可是有一天，他问我："人呢？"我淡淡一笑说："和动物一样啊！"他吃惊不小。有时，我们从书上或电视上看到有些小孩因玩弄阴茎而导致其坏死，或个别小孩因先天缺少性器官而不堪重压自杀身亡时，我就会告诫他，每一个男孩子都要保护好这一重要器官，不允许小朋友们拿它开玩笑。

除了家庭，学校是性教育的重要场所。一旦进入中高年级，女孩子必须面对一个重要的生理变化——月经来潮。在四年级下学期，我就巧妙地以一包卫生巾为引子，提前给女生介绍月经的形成、月经来潮的特点及规律、卫生巾的选择和使用方法，以及经期的一些卫生常识及注意事项。果然，五年级我们班女生来例假时基本都能坦然面对了。

月经是女孩子的事。我们有没有必要向男孩们讲呢？事实证明：有！因为我们班就曾发生过一起两个男生拿女生卫生巾开玩笑的事，其他班也有。这种行为对女生来说极不尊重。我们应对男生开展思想教育。再从长远的角度来讲，男生终有一天要娶妻或生女，同样也会面临这些问题。所以，尽早地告诉他们，既可以满足他们对女性世界的好奇心，又能培养他们尊重女性的美德。

针对现在越来越多的对幼女的性犯罪，我们还有一项十分重要、必须及早开展和长期进行的教育内容：防止性侵犯。我们可以通过真实的案例，告知女孩：什么是性侵犯？生活中如何预防性侵犯？遭受性侵犯后如何做才是正确的？……只有我们防患于未然，才能有效地降低孩子受到性侵犯的可能性。

总之，我们要积极利用多种途径开展青少年性教育。如果青少年所需要的性的科学知识不能从正当的渠道得到满足的话，他们就有可能将目光转向带有色情描写的庸俗低级的书刊、淫秽录像带、光盘、网络图片或视频等。与其让孩子们偷偷摸摸、糊里糊涂地认识性、接纳性，还不如未雨绸缪，从小开展科学的性教育。只有这样，才能完善他们的人格，保障他们的健康成长。

（李利容／四川省峨眉山市第七中学）

三、性教育之我见与性教育之我行

（一）性教育之我见

不管我们是否愿意承认，青少年性早熟、早恋、早期性行为甚至怀孕，已成为现实社会中无法回避的事实。请不要说我们的"80后"、"90后"怎么了，而要问问：我们的教育怎么了？我们有青春期性教育吗？仅仅有生理卫生课程，还跟得上时代的发展吗？性教育的缺席，让我们的教育变得不完整，从而使我们的孩子更容易被侵袭，被腐蚀。怨谁？

（魏书彬　刘启成／江苏省洪泽中学）

性知识本来和其他知识一样，是人们探索未知世界、追求真知的结晶。坦然地对待性知识，正确地学习性知识，使青少年懂得性教育不仅是一种知识的传播，更是树立一种科学精神和对"人"的敬仰。

（王彩霞／新疆维吾尔自治区轮台县中学）

现行学校里的性教育课程一向羞羞答答，没有把性教育当作日常生活中的一个平常内容。向学生传达的是性行为和吸毒、抽烟一样，乃"高风险行为"，反倒激发了学生的好奇心和逆反心理。正确的做法是，鼓励青少年男女相互尊重、友好相处，提倡集体生活、与更多的人交往，这是破除性神秘感、建立健康的性观念的基础。

（魏书彬　刘启成／江苏省洪泽中学）

不要总是怕孩子知道了会怎样怎样，社会如此开放，封得住吗？封，反而会增长他（她）的好奇心理、逆反心理。他们懂得了这方面的知识就容易避免许多不必要的伤害事件发生，而认识的提高必然促使心理的成熟和行为的理智。

（胥照方／江苏省东台中学）

性是一个永远无法回避的课题。与其避之、阻之，不如疏之、导之。正如别林斯基所言："对于青年人，没有比偷偷得来的知识更为有害了，当自然本身开始唤醒少年对性的问题发生兴趣时，那么合理地、纯洁地认识自然界的秘密，就是把他们从有害的色情中拯救出来的唯一方法。"在性萌发期的中学阶段，就注入健康性观念的"疫苗"，有助于增强学生对不良性知识和性行为的"抵抗力"，为他们形成健康的性意识和性行为奠定基础，从而为创造整个社会的良好"性环境"做出贡献。

（宁雪红／江苏省苏州市相城区渭塘第二中学）

异性交往是青少年释放性冲动、满足性需要的方式之一，但他们刚从"天真"的世界中跨出，除了性功能等生理方面刚刚成熟外，心理各方面都还不成熟，异性交往过密会对其学习与生活产生消极影响。性成熟的提前和心理成熟滞后的矛盾，给学生的成长带来诸多问题。所以，开展青春期性健康教育是健全学生人格的重要保证。

（吴炳桦／江苏省灌南县长茂中学）

性征的出现、性意识的萌发是最自然、最正常的成长经历，班主任须引导学生用科学的眼光审视自己，看待异性。班主任进行教育时应注意纠正来自媒体和成年人潜移默化而形成的错误审美观，正确的审美心理能指导学生正确处理自己的生理问题，指引他们感情和行动的方向。

（陈清华／四川省江安县留耕中学，薛玉皎／四川省宜宾市第三中学）

青春期性教育，由于其内容的特殊性和敏感性，同时也基于我国国情，对教育方法提出了严格的要求。在一定意义上说，方法是否科学与适当，决定着青春期性教育的成败。

（刘勇／山东省兖州市职业中等专业学校）

（二）性教育之我行

教师首先要坦然面对。教师应该克服传统观念的束缚，冲破内心的障碍，克服心理惶恐，精心组织教学，秉着忠于知识、坦然面对的原则，将"羞涩"转化为"趣味"，冲淡性教育过程中的尴尬。譬如，一次我问："同学们，你们知道自己是从哪里来的吗？"教室里静悄悄的，很多学生甚至将头埋低了。于是我接着说："那老师就跟你们说说人是怎么来的，要不然很多同学还以为自己是孙悟空，从石头里面蹦出来的。"顿时，笑声一片。僵局被打破了，接着我就开始从精子和卵子的结合讲起。整个教学过程中我都用专业术语认真讲解，学生凝神聆听，刚才低着头的学生也将头抬起来了。

（张长勇 / 云南省寻甸县第一中学）

性教育内容要有所侧重。性教育不是单纯向孩子传授一些生理知识，更重要的是要让孩子懂得爱的真谛，明辨是非，从而建立健康的两性关系。同时，性教育内容要有所侧重，比如在教育女生时要强调避孕、过早性生活的危害、怎样防止性骚扰等问题；在教育男生时，要强调男子汉的责任、理智。

（王立山 / 江苏省沭阳县修远中学）

让学生更"直接"地学习。用学生易接受的方式讲授性知识，让学生走进实验室，观察人体模型；让学生充分利用实验器材，更直观地了解人体构造，学习有关知识，使"神秘"变成"自然"；让学生参观自然博物馆，用手动触摸屏，看精子和卵子的结合，亲自感受新生命形成的神奇；让学生组建调查组，到妇幼保健院进行调查，了解性知识，明确健康生活的方式、方法、意义。

（王彩霞 / 新疆维吾尔自治区轮台县中学）

用故事让孩子思考。青春期性教育，除传播一些性知识外，还要结合一些案例、故事进行说明。一个小故事说明一个道理或引导出一种观点，把性知识与性教育理念融入"滴水藏海"式的故事之中。这些故事能够促使孩子思考、感悟，去想谁是谁非、什么应该什么不应该；会让他们知道哪些事情不能做，做了会怎么样，等等。这便达到了很好的教育效果。

（魏书彬　刘启成 / 江苏省洪泽中学）

性教育要从幼儿开始。性教育要从娃娃抓起。因为幼儿对性还没有意识，思想上没有受到污染，如同一张白纸。这时候传授性知识，他们会像学习其他知识一样自然接受。在他们成长之后，就会很从容地面对性方面的问题。如果到中学才开始性教育，由于学生生理已趋于成熟，很容易导致他们产生性冲动，出现诸多问题，轻则不利于学生专注学习，重则使性教育成为学生接触性的桥梁。

（王立山 / 江苏省沭阳县修远中学）

不同年龄段侧重点不同。性教育同样有个"循序渐进"的过程，不同年龄段的孩子在接受性教育时，都有个接受底线和承受能力，太开放和太死板都不是科学的方式。对学龄前儿童的性教育有一定必要，但其内容应和青春期性教育区分开。此时，性教育应侧重性安全教育、性别教育；同时，也应该相对含蓄一些，以讲故事的形式，或者用一些卡通动物来举例，这样更加浅显易懂。相对来讲，直白的性教育在青春期进行应该会更合适一些，这时我们可以借鉴国外的一些做法，开始传授生育、两性差异、性卫生、性道德以及生育过程、性成熟、性约束等知识，进入高中、大学则重点讲婚姻、家庭、性魅力、同性恋、性和卖淫现象、性变态等知识，并向成年大学生发放避孕套。

（季广花 / 山东省枣庄市第二十九中学）

性教育要男女分开进行。男女有别，性教育课男女生同室同听，常常出现害羞现象。有些学生尤其是女生的反应很激烈，一听说上性教育课就显得非常紧张，很难进入真正的学习状态。此外，男女生分开教学，还有助于学生对性知识进行讨论，交流心得，效果会更好。从这个层面讲，老师也要男女有别，这样学生才放得开，老师也放得开，师生交流才会落到实处。

（王立山 / 江苏省沭阳县修远中学）

网络是开展性教育的有效渠道。中国青年报社会调查中心的民调显示，网络是青少年了解性的第一渠道。因此，将性教育与网络相结合，优势可谓明显：网络性教育既能单向地信息获取，又能双向地互动交流，同时又可以避免教育者与被教育者双方面对面交流或公开询问的尴尬和矛盾。资讯科技发展的优势和趋势，都决定了系统、科学而专业的网络性教育，是一种比较方便、有效的途径。

（高鹏 / 江苏省宿迁中学）

广泛阅读助推性教育。如果你平时关注性教育和青少年教育书籍，比如《青春期保健全书》《孩子的情欲世界，你知道吗？》《青春期性教育教师实用手册》《藏在书包里的玫瑰——校园性问题访谈录》《别和青春期的孩子较劲》《青春期问题与教育方案》《青春期性生理知识问答》《身体的秘密》《玫皮书——性成长自助手本》《性教育读本》《善解童贞——决定孩子一生幸福的性教育》《了解悄悄变化的自己——给青春期男孩》《了解悄悄变化的自己——给青春期女孩》等，那么对于学生中出现的早恋、性教育等问题，你就不会觉得无计可施，而是会很轻松地帮助孩子度过他们美妙而躁动的青春期，并且他们会感激你一辈子。

（曾建洪／江西省于都中学）

帮学生建立自我认同感。身体发育会让中小学生渐渐注意到自己的外表、自己的特质是不是受到大家的喜欢。尤其是这个阶段善于追求"标新立异"的学生，通常会形成很强烈稳固的性别刻板印象。"别的女生都……"、"男生就是要……"这样的想法，也就成为一个自我评价的重要指标。所以，帮助学生建立自我认同感就很必要。建议班主任不要阻止学生谈论身体，也不可用性别指标来赞美或批评学生。相反地，可以在许多生活细节中鼓励学生，引导他看见自己的发展，观察自己的进步，欣喜自己的长大，真正尊重、欣赏自己和别人，感受到自己的价值，提高自信心。

（乔瑞民／山东省兖州市第十五中学）

四、性教育备忘录

（一）性教育，不能不了解学生的性心理特点

第一，羞赧。学生对性的害羞既与中国传统的文化思想有关，也与学生的身心发展特点有关。学生们对于自己获得的性知识及身体和心理上的变化都羞于启齿，有些学生甚至认为关于性的话题都是不健康的，当遇到性的话题时也是极力躲避或是私密对话。

第二，好奇。自己是怎么来的？男人和女人之间到底有何区别？自己的身体发生的变化正常吗？这一个又一个的问题在增加他们困惑的同时也激起了他们的好奇心。性的领域对学生来说是一个陌生的领域，而学生又是求知欲极强的一个群体，他们对这个陌生的领域充满了好奇，而他们获

得的一些关于性的零星知识又会进一步激起他们的好奇心。

第三，探究。在好奇心的驱使下学生会有探究一番的想法，并且一些学生还会将这种想法付诸实践。由于缺乏教育者的正确指导，这种探究在目前还属于原始的自发性的活动，有时还容易出现偏差，如有的学生偷看淫秽书刊，有的学生早恋。

第四，戒备。正是由于大家对性的话题都羞于启齿，即使谈到了，也大都采取遮遮掩掩的态度，耳濡目染，学生对于自己获得的性方面的认知也是"敝帚自珍"，不愿意与他人分享，生怕被别人知道会遭到嘲笑，所以在这一方面，学生们会变得非常敏感，对他人采取戒备的心态。

了解了学生性心理的特点，就可以有针对性地采取措施，开展性教育了。

（于永香／山东省文登市泽头完小）

（二）和孩子谈性，一定要谈如何防止性侵害

儿童性侵害的定义大致可以这样描述：一切通过武力、欺骗、讨好、物质诱惑或其他方式，把儿童引向性接触、以求达到侵犯者满足的行为。"你觉得男生会不会遭受性侵害？"北京某中学学生杨某不假思索地回答记者："这个问题只有在女生身上才可能发生！我是男生，和我有什么关系？"杨某的想法不是个案。

据《知心姐姐》杂志早年发布的一项名为"关注中小学生性侵害"的网上调查显示，52%的被访中小学生表示，没有人和自己提到过这个问题。北京市青少年法律与心理咨询服务中心主任宗春山认为，这个调查结果实际反映出两个问题：一个是观念问题，有些父母觉得把性侵害的一些事情告诉孩子是残酷的，容易造成孩子的恐慌；二是有些父母本身也没有受过这方面的系统教育，不知道怎么开口讲。他认为，预防性侵害教育要和中小学生的性教育结合起来，不能单一地讲性侵害教育。性侵害教育首先应该在家庭里开展，因为学校只能就一些共性的知识来讲，而每个孩子的发育、思想状况不一样，有些属于身体秘密的部位，只适合与亲近的人一对一地讲。

至于万一遭遇这种事情怎么办，近45%的中小学生表示"首先应该求助法律"，29%的人首先会"告诉朋友"，12%的人首先会"告诉爸爸妈妈"，5%的人首先会"给咨询热线打求助电话"，1%的中小学生首先会"告诉老师"。另有8%的中小学生表示"沉默，不告诉任何人，因为这件事情很丑"。而根据宗春山主任的建议，首先应该告诉父母或其他监护人。

北京青少年法律援助与研究中心副主任张雪梅认为，中小学生遭受性侵害后，一般会出现自卑、自暴自弃、害怕、恐惧、对人不信任等心理阴影。如果这个孩子的心理素质好，可能自我调节会好些，所受的心理伤害就小些；如果心理素质不好，一次轻微的性骚扰，带给他（她）的心理伤害可能就会特别严重。

另外，有的家长在孩子遭受性侵害后，对孩子态度不好，抱怨孩子，这样会对孩子造成"二次伤害"。性侵害是多种侵害里相当严重的一种，会给孩子的生理、生活、心理、情感、行为、精神甚至长大以后的婚姻生活都带来影响。保护好孩子的安全，让他们避免遭受性侵害，的确是应该引起家长高度关注的问题。

就学校而言，除了有效的提示和心理疏导外，还要注重对青少年加强法制教育，注意校园内外的环境建设，与各种社会力量密切配合，加强校园周边环境整治建设。

（胥照方／江苏省东台中学）

 学校怎样开展性教育

关于学校"怎样开展性教育"，是广大教育者正在探索和探讨的问题，本文拟从以下几个方面将自己的观点与同行分享。

（一）要对"性教育"有完整的理解

开展性教育，首先要使自己真正成为性教育的"行家"。成为"行家"

并不难，关键在于要对"性教育"有一个完整、科学的把握和界定。

北京大学徐震雷教授曾给出过一个关于"全面的性教育"的表述，我认为，这是一个比较科学的界定。由于各个国家开展性教育的目标、内容和对象不同，因此，界定会有一些差异。无论如何，开展性教育的教师、家长自己首先要把符合中国国情的"性教育"概念弄明白，才能理性地去面对世人关于性教育"该与不该"的质疑，并理直气壮地回答性教育的教学内容和目的。否则，一些把性教育误认为就是"性交教育"、就是"性教唆"的人以及新闻媒体炒作"性教育"时，就会仅仅拿我们在性教育中"抢眼球"的具体内容和方式来进行所谓的"大讨论"，而不是对"性教育"有共识的前提下的对话。其结果，不但不能推进性教育，反而会对性教育的开展造成阻碍。

（二）要把握"三适"原则

所谓"三适"原则就是适度、适当、适时的原则。即将适合孩子认知水平（适度）的性知识，用适合孩子身心健康发展的恰当方式（适当），在孩子们已经开始探索性的奥秘而又没有接收到良莠难辨的性信息误导之前（适时地）传授给他们。

"三适"原则最好把握的是家长，性教育最佳的场所是家庭。因为性的问题很隐秘，个性化很强，孩子第一时间表现出对性的好奇多半在家庭里，他们与父母天然的血缘和信任关系决定了父母的性教育最能达到"三适"的效果。但是，由于中国的父母在学校里几乎都没有接受过系统的、科学的性知识教育，更不用说符合"三适"原则的性教育方法的训练，再加上国人对性教育在观念上还有很多误区和障碍，因此，一般的父母都难以担负起性教育的重任。

然而，在今天这个"性信息无处不在、很多成年人又难以给孩子们树立起可效仿的性榜样（包括恩爱和谐的夫妻关系）"的社会，孩子们在一种"无指导"状态下的性成长，遭遇了很多挫折和伤痛，却没有人援救和安慰，包括号称最爱他们的父母，往往却是伤害他们最重的人。

于是，我国性教育的重任就必然落在了学校教师身上。只有学校的性教育能够让孩子的性教育权利得到实现。

一线性教育教师把握"三适"原则的依据是，在国内比较权威的、作为刚性要求需要落实的两个《纲要》——2007年2月国务院办公厅转发的《中小学公共安全教育指导纲要》、2008年12月教育部颁布的《中小学健康教育指导纲要》（本文简称"两个《纲要》"），两个《纲要》从小学一年级到高中三年级规定了分层级水平（"适度"）的"性安全教育"、"生长发育与青春期保健"教育的目标和内容。从中，我们可以较完整地了解到教育部对"适时"（从小学一年级到高中三年级均有分布）开展学校性教育的具体要求。两个《纲要》由我国权威部门下发，在开展学校性教育中能得到教育行政部门的支持从而得以贯彻，最少引发家长、社会和同行的非议，能有效地保护学校性教育的开展。

至于"适当"的教学方法，那就是实施性教育的教师们在实践中去探索、创新才能获得成长的技能和技巧。其实在实践中，只要切实开展了性教育的学校教师，往往都会从最初的模仿到最后自己不断地创新出最适合孩子们认识水平的教学方法、手段、途径；乃至哪句话说到什么程度，用什么词语最恰当、最能体现出孩子们身心发展的差异和接受程度，都精彩地反映出了一线老师们对性教育理解和实施的创新能力。在此方面，我国目前开展大、中、小学以及幼儿园性教育较有成效的北京、深圳、成都、杭州、郑州等地区，都有许多可资借鉴的经验和方法。

其实，只要每个教育者对性教育认识到位，有着对孩子一生幸福负责的高度使命感和责任感，"适当"的方法就会在他们的创新中层出不穷。

（三）要了解学生的性现状

任何教育都要做到"有的放矢"，开展性教育也不例外。我们要对孩子们掌握的性信息、存在的性困惑、已有的性生理发育状况有一个清醒的了解，这样在教育中才不至于因为"超越孩子们的实际"，而提前"唤醒"对性的认知尚处在"沉睡"状态的孩子；才不会去进行学生"只能接受加减法却教授高等代数"的性教育；才能避免孩子们已经在"以讹传讹"所谓性的"真相"时，我们还在误以为孩子们"性幼稚"，而使性教育滞后于孩子们的性探索和性好奇。

　　而解决此问题的唯一办法就是：踏踏实实地进行受教育者性现状的调查研究。当然，也许调查中的问题"只是少数"，只是"个案"，但却给了我们进行性教育时把握"三适"原则的依据：哪些内容该在班上公开讲？哪些内容只能进行性心理的个别辅导？其实，一个孩子的"性问题"往往就是孩子们的共性问题，因为我们没有办法从调查中去判断这些问题是哪个孩子的。如果我们没有开展性教育的自我提升式学习，就没有办法在心理咨询室去应对孩子的性心理问题。我们更不能认为这只是个别现象，没有必要大张旗鼓地在孩子们中间进行性教育。我们不要忘记几乎每所学校的办学口号都是为了一切孩子，为了孩子的一切，一切为了孩子。这句话最适合用于开展性教育了。

　　了解孩子们的性现状，将端正我们乃至警醒教育行政官员对性教育的认识：如果一个学生只是数学成绩不好，顶多可能影响他今后理科专业的选择；而一个在性成长过程中遭遇挫折却没有得到及时教育、引导的孩子，则可能终生都不能获得美满的婚姻家庭生活。相比之下，性教育比任何学科的教育都更能影响孩子一生的婚姻家庭幸福和成功。因为没有任何成功能够替代孩子们婚姻家庭的成功，也没有任何成功能够弥补婚姻家庭的失败。更因为对任何学科，人们都可以因"没有兴趣"而回避，但性的问题却无论"有无兴趣"都难以回避。性教育之重要由此可见。

（四）要不断寻求提升性教育能力的学习机会

　　由于我们师范专业的课程设置中根本没有关于性教育的基本理论和方法的学习，绝大部分开展性教育的老师都是凭着自己对孩子们一生幸福负责的使命感来从事性教育的。因此，关于性教育的知识、理论、方法的系统学习就非常重要。

　　系统的性教育知识的学习涉及性的方方面面，从大的方面至少分为性生理、性心理与性的社会文化三方面。具体而言包括徐震雷教授所说的全部内容：性生理学、性心理学、性教育学、性文化学、性美学、性规范学等学科领域，还包括教师本人在性的人格方面的榜样作用。由此可见，要成为一名性教育教师，仅仅知识上的要求就远远比自己本专业的教学要求高得多。因此，要成为一名合格的性教育教师，并非短时之功。

虽然如此，开展性教育却并非高不可攀。其实，现在国内一线的性教育老师都是从零开始的，许多老师却创新出了在国内颇有影响的性教育实践经验。我以为，有以下机会和途径可以很快提升性教育的能力。

第一，收集国内外性教育的书籍，自学提升。其实，要担任任何一门课程的教学，教师自身的积累和不断学习都是十分必要的，更何况性教育对大多数教师来说是崭新的教学领域，积累和学习更加必要。

第二，参加国内学校性教育的学术交流和培训。中国性学会每年都会在国内举办"全国学校性教育经验交流及师资培训会"。该会议目前在国内已经成为常态的，在学校性教育领域颇具权威的，深受大、中、小学一线教师认可的学术交流和师资培训会。2012 年，在云南昆明举办第五届培训会。此次会议上，展示出各省评选出的大、中、小学一线教师的优秀课案，也组织到中小学课堂上去现场观课议课；国内外性教育专家莅临会议给予指导，并带来国内外性教育前沿的经验和动态。参加这样的学术交流会可以让人在性教育理论和方法方面收获很多。

第三，从国内中小学性教育的先行地区取经学习。除了参加上述全国各地区学校性教育的经验交流和师资培训，到北京、深圳、四川等地区实地学习、到学校听课，会对具体教学内容的处理和"三适"原则的把握帮助很大，我们还可以在他们的经验基础之上，扬长避短，少走弯路，更快地把握针对不同教育对象的性教育内容和方法。

第四，从性教育网站上获取一些有用的信息。目前，像北京性健康教育研究会、哈尔滨医科大学的性健康与教育网、宁夏大学大学生性健康教育网、胡萍教育网站等，都有一些中小学教师开展性教育可资借鉴的信息和资料。

总之，有志于为孩子们的一生幸福担负使命的教师，要"积跬步始于足下，从头学惠泽未来"。

（胡珍／成都大学师范学院教授，
中国性学会青少年性健康教育专业委员会副主任委员）

班里排座位总出现矛盾，怎么办？

> 我是参加工作不久的年轻老师，近来对排座位非常苦恼。我觉得按成绩排不符合新课程改革理念，所以就依据高矮、视力、学习成绩、性别、性格等精心琢磨了好久，才排好座位。没想到，还是有不少学生不满意，纷纷找我要求换座。老师们，您对排座位有何高见？请指教。
>
> ——上海·钟桦

一、直面矛盾，引导学生解心结

（一）孩子，请给我充分的理由

新高一开学伊始，我以学生入学体检表上的身高为依据编排了座位，自认为还算公平公正。可众口难调，这不，临时班长来"为民请命"了："老师，小群眼神不好，坐在后排看不清黑板，能给她调换一下座位吗？"

"让她自己来找我。"刚接手这个班，我对很多学生情况的了解还只局限于他们的学籍卡片上的内容。

几分钟后，一个身高大约一米七的女孩站在我面前。"老师，我眼睛近视，坐在后面看不见，把我调到前三排吧。"说话时，她脸涨得红红的，手在裤缝上来回揉搓。这是一个腼腆的孩子，我对她的性格做了初步判断。

"近视多少度？配眼镜了吗？"

"400多度，配眼镜了……因为散光比较厉害，眼镜要特殊定做，还没取回来。"后面的话说得很不确定，让我觉得里面有一些可疑的成分，但我选择相信她。

"你个子确实比较高，如果一直坐在前排，后面同学上课会被挡住视线。老师可以考虑给你短期换座位，等眼镜拿回来，你再换回去，行吗？"

她沉默了一会儿，说："老师，我想一直坐在前三排。我初中时也戴眼镜，但在后排看黑板还是不舒服。"她的脸涨得更红了。

我只是静静地听着，没有说话。

她看我没表态，赶紧补充道："我和小林说好了，我们俩换一下座位，她喜欢坐在后面。"

我意识到"近视"仅是她调换座位的托词，心中有些微怒，但仍微笑着说："小群，我也是个近视眼，知道上课看黑板确实很费劲。可是我们坐在教室后排，毕竟还能借助眼镜看清黑板，如果把小林放在后面，以她的身高可能什么都看不见了呀。"

她还想再说什么，又似乎觉得理亏，也就不再说了，但眼泪却掉了下来。我抽出纸巾递给她，拍拍她的肩膀说："你先别急着今天就说服老师答应你调换座位。我一会儿看看座位表，让别的同学先和你临时调换几天。"

接着，我话锋一转："咱们这几天正在学《烛之武退秦师》，我问你一个问题，烛之武是如何说服秦君的？"她愣了一下，摸不清我是什么路数。

我再点拨："你要说服我给你调换座位，而烛之武是要说服秦君退兵不再攻打郑国。语言艺术是相通的，你想想烛之武在游说时是立足于谁的利益角度呢？"

"老师，您的意思是，我在提要求时不应只考虑自己，而应该从对班级、对他人有利的角度考虑，是吗？"她的眼睛一亮。

"小群，真是冰雪聪明。"我微笑道，"你下次再来找我调换座位，理由要更充分一些，像烛之武一样有理有据。当然你也可以把自己假设成老师，看看有没有对大家都有利的座位调整方案。"

第二天，我把小群临时调整到第三排靠窗的位置，不至于阻挡后面同学的视线。

之所以没有任由小林与她互换座位，是因为我私下了解到，小林平时爱玩手机游戏，比较散漫，她想去后排并不是要帮助同学，而是希望远离老师的"监控"。如果不做调查，就任由学生自行调换座位，不仅是对学生不负责，更会使班主任的公信力受损。

几天之后，小群又找到我说："老师，很抱歉，我撒谎了。我之前一直想坐前三排，是觉得老师可以更多地关注我，我也能更专心地学习。"说着，她摊开一张被汗水浸皱了的纸："我这几天一直在想，怎么去说服您让我留在前三排。我画了张表格，填写我调到第三排对自己的好处、对其他同学的好处，但是我实在找不出对别人有什么好处。"她的脸又红了。

我把她的表格拿过来，在"对别人的好处"一栏里写上"在前排，我可以用我的认真努力影响别人，用我擅长的科目英语来帮助其他同学"，然后说："你看，这样理由就相对充分了。"她嗫嚅着，我能感受到她内心的波动。

最后，我结合身高、学识、性格等多种因素调整了她的座位，虽然不是她最初强烈要求的前三排，但反馈回来的结果是她特别满意老师安排的座位。

回顾这次"座位风波"，我自认为处理得比较妥当。在她提出要求的第一时间，我没有轻易顺遂她的心愿，而是让她在受到挫折教育的同时，也意识到在集体中不能只为自己考虑而自作主张。最关键的是，利用换座位的契机，我让这个孩子懂得了在人际交往中如何合情合理地表达自己的诉求。

之后，还有一些孩子陆续找到我调座位，理由千差万别，但我的解决办法都是相似的，即要求每个想换座位的学生找出对自己、对其他同学、对班级有利的理由或适宜的处理方式。

在开学第二周的班会课上，我们以"游说的艺术"为主题，联系生活中遇到的一些常见问题，比如请假、道歉、谈判等，进行交流探讨，让学生明白，在有诉求的时候，应该找出充分合理的理由来说服对方，从"小我"中走出来，拓展思路，关注他人。

（邓文卓 / 首都师范大学附属中学）

（二）座位调整之后

今天，我对班级小组重新进行组合，从而造成学生座位的大面积变动，这引起了部分学生的不满。

利用班会课，我解释了自己调整座位的意图："我知道，长时间以来，大家对原来的小组已产生了深厚感情，同桌之间的感情也非常牢固。这是好事，说明大家都是重感情、讲义气的人，但我们绝不能感情用事。请相信我，老师这次重排座位是有一定考虑的。

"有同学说，我们小组一直都是最好的，为什么还要拆散啊？我要告诉大家，没有最好，只有更好！开学至今，各个小组的发展都到了瓶颈期，在常规考核、学习成绩等各方面，各小组名次已经基本固定，落后的小组已逐渐失去挑战先进小组的信心，先进小组的同学也十分满足于自己的表现，失去了继续努力提高的动力。大家还记得老师讲过的温水煮青蛙的故事吗？这个故事就告诉我们，大家满足于现状，对小缺点、小错误毫无抵抗力，舒服了，麻痹了，最后，我们再想努力就晚了。所以，为了激发大家的斗志，我们必须重新调整小组和座位安排，保持班级活力，激发每个人的斗志和力量！

"请相信我，这是一次挑战，更是一次机遇。你到了新的小组，虽然要花时间重新适应，但是新的环境、新的朋友会给我们带来不一样的感觉，会激发我们继续前进的动力。让我们比一比，哪个小组的同学适应得更快，磨合得更好。同学们，你们将来都要走向社会，而我们的社会是处于不断变化发展中的。当你们的同事都能很快适应新的环境的时候，你还停留在今天，不就被社会淘汰了吗？再过一年多，大家就要面临高考，到时候再好的小组也要解散，大家总不能都带着自己的同桌去上大学吧？"

学生顿时哈哈大笑，笑完后又纷纷低着头陷入了思考。

最后，我说："老师还想告诉大家，这样的重组，对每一个人来说，都是一次新的开始，希望每个人都能让你的新小组因你的存在而感到幸福！"我刚刚讲完，教室里就响起了热烈的掌声。

座位的调整，总会给一部分学生带来不舒适，但是，这次事件告诉我，排座位之前一定要向学生解释清调整座位的意图，否则就会引发矛盾。同时，座位调整之后，一定要做好安抚工作，除了集体谈话以外，还需要小组谈话、个别谈话，否则可能带来很多负面影响。

（滕陈英／江苏省无锡市锡东高级中学）

二、争取家长，化阻力为助力

一份铺垫，一份真诚

那年，领导安排我接手一个一年级新班。经验告诉我：排座位将是我面临的第一个难题。以往接新班时，我没有为此做好充分的准备，给后续工作带来不少麻烦。这次，我必须精心预设，先行解决排座位的问题。

排座位的难点首先是家长，所有家长都希望自己的孩子坐在前排，以引起老师的更多关注。只有解除家长的顾虑，排座位乃至班级后续工作才能顺利进行。于是，我决定，首先让家长了解我给学生排座位的原则。

学生报名注册时，我给每位家长准备了一封公开信，内容如下。

尊敬的各位家长：

大家好！新学期伊始，排座位可能是大家非常关注的一个问题，作为班主任，我可以真诚地告诉大家，关于座位，您尽管放心，无论您的孩子坐在哪里，我都会关注他。将心比心，每个孩子都是平等的！

下面是我的一份排座位说明，请您提出宝贵建议！

"班级座位安排原则"说明书

1.我们将按身高进行第一次排座位，如有近视等特殊情况，请出示相关证明材料。

2.在日后的教学中，根据学生的自制力及习惯差异，我会随时微调座位。一般情况下，自制力不强的孩子会被调至前排，两个自制力不强的孩子会被分开，但前提是绝不会影响后面同学的视线。

3.每个座位都是平等的，绝无任何等级与特权之分。

4.请您支持我的公正。

谢谢！

班主任：赵春梅

家长们看了这封信之后，纷纷表示完全拥护我的想法，孩子坐在哪个位置都可以，但他们心中的那份顾虑还是情不自禁地表现出来。我也趁机真诚地告诉他们："在我的班级里，每个孩子都会在我的心中，孩子有问题我会随时与您沟通。我绝不会有座位歧视，请大家监督我的行动。"

一封信解决了家长在座位问题上可能给我带来的干扰，但我知道这只是暂时的，还不能完全解除后排学生家长心中的顾虑。我必须让他们看到，后排学生的表现并不逊色。当事实摆在面前时，家长们才会真正信任我，信任后排座位。

于是，排座位时，在坚持按身材高矮排位的大原则下，我把那些聪明能干、自制力强的好学生排在了后排。这是我多年来排座位的经验，让自制力强的学生坐在后排，自制力不强的学生坐在前排，既便于管理，又便于学生养成好习惯。从开学起，在工作中，我真诚地关心每个座位上的孩子，让每个学生都感受到老师是关注他的。我十分关注后排学生的表现，并根据具体情况对座位进行了几次微调。我从来不提座位的问题，因为我希望在学生和家长的心中淡化座位意识。

一转眼，两个多月过去了。期中考试后的一天，我召开了第一次家长会。我首先总结了期中考试的得与失，然后从习惯、卫生、纪律等方面，向家长们汇报了孩子的表现。最后，我组织家长们参观教室。参观的内容有三项：一是学生试卷，二是学生作业本，三是书桌内物品的摆放情况。参观一开始，家长们非常关注后排学生的表现，纷纷走向后排去参观。当他们从后排走向前排时，我分明看到后排学生家长露出了满意的微笑，其他家长也在夸赞着后排学生的出色表现。虽然我没有直接谈座位问题，但这次家长会后，家长对孩子座位问题再也没有了任何疑问。

先用一份"说明书"排除干扰，然后用行动兑现说明，一份铺垫加上一份真诚，既排除了排座位问题给工作带来的干扰，也赢得了家长们的信任。其实每位家长都希望自己的孩子是老师关注的对象，当老师真诚地给予每个孩子关注与机会的时候，当家长们看到后排学生也同样优秀的时候，当老师用真诚与正直赢得学生爱戴与家长信任的时候，孩子坐在哪里，在家长的心里就不那么重要了。

（赵春梅 / 吉林省蛟河市庆岭镇庆岭金城小学）

三、座位调整，下放权力给学生

让学生自己找同桌

对班主任来说，排座位是个技术活，更是一个脑力活，身高、视力、性格、学习情况等都是排座位需要考虑的因素。记得刚参加工作时，无论我怎么安排座位，总有学生不满意，毕竟众口难调。受一个电视栏目的启发，我决定把排座位的主动权还给学生，让他们自己找同桌。

在学生自由组合之前，我首先解释这样做的理由：座位是为每一个学生发展服务的，本身并没有好坏之分。不同的座位可能适合不同的孩子，不同的组合也会产生不同的效果。我举了一个例子，同样是碳原子，排列组合的不同产生了比较软的石墨和世界上最坚硬的物质金刚石。前面的座位距离老师近，老师的音容笑貌都能看清楚，适合自律性稍弱点儿的孩子；后面的位置安静，适合喜欢自学的孩子……

然后，我和学生一起反复讨论，达成了四条基本原则：个子小的学生、视力不好的学生尽量坐在前面，座位要有利于学习，换座位要"四厢情愿"，座位按规定的顺序每两周轮换一次。经过多轮实践，我们班形成了固定的排座位模式，受到了学生、家长和老师的一致好评。具体操作步骤如下。

1.尊重学生，自由选配

我把选择座位的主动权交给学生，不仅是对学生上进愿望的信任，而且能对"座位"这一教育资源实行合理配置。在学生自由选配前，我先让学生做一个自我介绍，介绍自己的性格、爱好、习惯等，然后说出想申请的座位和自己心目中的同桌人选，双方同意后就可以"牵手"成为新同桌。不少学生通过这种方式，选到了理想的同桌，达到了长短互补或相扶相长的学习效果。如果没有找到合适座位或者没能牵手成功，我在征得本人同意的情况下再进行统筹安排。

2.影响他人，立即分离

自由选配后，如果出现某一学生影响到周围同学的学习或者两个同学不适合做同桌的情况，我会根据班级实际情况进行调整，并向全班学生做出解释，努力不让座位问题影响学生的学习和心理健康。

3.要求调座，"四厢情愿"

当座位固定下来后，学生要求再调整座位必须符合一定的原则，绝不能无缘无故随意调整。如果孩子真有特殊情况，可以向老师提出来，要求必须合理，而且必须征得前后同学和"左邻右舍"同意，方可调整。

4.定期平移，保护视力

以小组为单位，四个小组按一定时间（一般两周一次）和一定顺序(从左向右或从右向左)整体移动位置，目的是保护学生的视力。

给学生排座位并不是简单的"1+1=2"。我们只有从科学的角度和人性化的角度去研究人与人的组合、研究坐的位置，并进行正确的引导，才能促进学生个体之间的互助、合作，才能排出学生学习的积极性，排出一个和谐、积极向上的班级。

（卜正华 / 江苏省东台市梁垛镇小学）

排座位的五条原则

在我带过的班级里，很少因为编排座位出现矛盾。究其原因，在于我很好地坚持了以下五条原则。

（一）公平公正原则

座位编排的第一原则应该是公平公正。我采用的方法是，把男、女生按从低到高"升序"排成两列，然后男女搭配，从教室的第一排依次往后排列。这样的编排方式即使孩子或家长有异议，班主任也可以有理有据地做出解释。也许有人会质疑，那视力不好的孩子怎么办？这种编排方式对这些孩子会不会缺乏最起码的人文关怀？其实，排座位的矛盾与症结就在于此：倘若班主任把一个视力不好的孩子安排在靠前的座位上，马上就会有两个、三个甚至十几个孩子或家长反映"视力不好"，就会通过各种手段要求把座位调到前排，班主任就会进退两难。因此，班主任要保持公平公正，委婉地拒绝家长因孩子"视力不好"要求调座位的各种"优惠条件"与理由，建议其带孩子查视力并配眼镜。同时，要在家长会上告知：不得以视力问题要求班主任调换座位，而要想办法解决孩子的视力问题。公平公正原则使每个孩子、每个家长都生不出怨言。

（二）合理搭配原则

我排座位往往采用"小老师"一对一搭配制，即每个座位上的两个孩子，除性别搭配外，还要考虑学习能力、行为习惯、兴趣爱好、性格特点等方面因素，尽量做到强弱搭配、动静搭配、性格内外向搭配……其中最重要的是，一方能够承担起另一方的"小老师"职责，强者帮助弱者、管理弱者、影响弱者，同桌在生活习性、学习习惯、情感态度、道德品质、学习方式等方面取长补短，在合作互补中共同发展。

（三）定时轮换原则

我采用的方式是前后左右按周轮换。但考虑到学生的身高情况，在前后轮换时，前四排为一组，相互之间进行轮换；后五排为一组，相互之间轮换，而不是进行整体的前后轮换。这样的定期轮换制不但使孩子获得了座次平等的机会，也尽可能地照顾到了身高问题。同时，这样的轮换还隐含着其他教育作用：每一次调换都会使孩子产生新鲜感，对调节心理有一种积极作用，为孩子之间扩大交往提供了空间，对孩子之间建立友谊大有裨益。

（四）家长支持原则

班主任在制定排座位方案时，一定要取得家长的信任和支持。每接手一个新班，我所做的第一件事就是通过家长会讲清排座位的方式方法。大部分家长担心孩子坐到后边看不清楚板书或老师监管不到，我就把平时的板书、课件等做一展示，让后排的家长感受到"看不清楚"的担忧是没必要的，因为每位老师都会考虑到后排孩子的视力范围，并对板书和课件及时进行调整。然后，我请几个家长站在讲台上"扫描"整个班级，使家长直观感知，所谓"老师只关注前排学生，后排学生玩耍老师不会发现"是一种误解。用事实说话，会使家长对班主任座位编排再无异议并能理解与支持。

（五）及时微调原则

编排好的座位，不可能永久不变，因为每个孩子都是一个鲜活的个体，每天都会有新的变化。同一座位或者前后座位的孩子，有时会因性格问题发生一些矛盾；或因同桌能力都不是很强，合作学习效果不佳；或同座位、前后座位的孩子都太过活跃，互相影响，因此班主任要及时对座位进行微调，使座位彰显出最和谐、最人性化的编排效果。

只要班主任秉持一颗公平公正的心，本着一切为了孩子和为了每一个孩子的理念，并在坚持上述五条原则基础上创造出适合自己班级的合理的座位编排方法，座位编排将不再是难题。

（杨丽玲　陈红德/甘肃省酒泉市南关小学）

四、编排座位，必须"立足育人"

让座位编排充满教育意义

很多学生觉得，一个"好"座位更有利于自己听课、学习；一些老师也认为，某个学生坐在班级某个特定位置，对该人最有利或是最有利于班级管理，他们都相信"好"座位才能起到好作用。但是，另外一些班主任看问题的角度则相反，那就是——让每个座位都变成好座位。他们的办法是：赋予座位以教育意义。

1."坐遍教室每一个位置"

我的同事张老师有一个想法，就是让每个学生坐遍教室里每一个座位，和每个同学都做一回"邻居"。为此，他定期重排座位，原则是让学生坐在自己从前没有坐过的位置上，而且四周没有曾经挨着坐过的同学。这是一件需要花心思的事情，但是他乐得那样去排，学生也乐得那么去坐。就这样过了三年。在临近毕业的前两周，他让学生坐回初一刚进班级时的那个座位，然后说："现在我们每个人都重新回到了起点，我希望你们能够重新开始。"

这座位的编排里面，蕴含着多么丰富、深邃的教育思想啊！实际上，张老师赋予座位的意义就是"体验不同的环境，尝试与每个人相处"。可以想象，他那个班的学生走上社会以后，他们会多么快速地接受自己的位置，善待自己的位置，更好地珍惜身边的人。而当他们由于种种原因不得不重新开始时，他们会多么地从容与坚强，因为他们的班主任曾用三年时间教给他们一个关于重新开始的道理。

2. "坐冷板凳"

苏霍姆林斯基说，教育工作者"要努力使学校的每一块墙壁都会说话"，事实上也是如此。当座位有了意义时，那只板凳就会"说话"。它会提醒坐在上面的人不断地理解这个意义，丰富这个意义。

有一位同人在班级里专门设了一个"飞机座"，每隔一段时间都有一个学生被以抽签的方式选去（不是因为犯错被罚出去）坐这个"远离"众人的座位。他们班的说法是："要去体验一下那种坐冷板凳的感觉。"

人这辈子，说不定什么时候就会被边缘化，小时候尝尝"坐冷板凳"的感觉，也许能让人学会反思，增强抗打击、耐挫折的能力。

3. "理想座位周"

另一位同人，他的班级每学期安排一个"理想座位周"。在这一周里，每个学生都有权"抢座"。只要你来得够早，就可以坐任何你向往的位置。过了这周，各回原位。

这个过程除了好玩，也能够让学生在"抢"座位的过程中明白，自己如何做才能得到想要的座位，并珍惜自己得到的座位，也让失去理想座位的人学会接受某种事实：如果他要得回某个座位，就要付出足够的努力——来得足够早。

4. "寻找最美同桌"

我认识一位老师，初一时他在班里开了一个主题为"我的同桌一级棒"的班会，鼓励同桌间互相赏识，互相接受。初二时，这个活动升级为"寻找最美同桌"班级文化建设活动，在这次活动中，大家挖掘出很多同桌互相关心爱护、互相帮助成全的细节，启发学生放开心胸，融入班级。初三时，活动再次升级，主题变成"同桌的你"。这次活动比较开放，包括给同桌提一些建议，相互促进成长。

仔细品味这位老师设计的教育活动，其每一次升华都在引导学生赏识他人，反思自己。这样的班级一定会有一种整体的积极向上的文化力量。

5."在座位上塑造自己"

笔者赋予班级座位的教育意义是"在这个位置上塑造自己"。我是这样建立管理机制的：把班级分成若干个小组，小组内座位由组员自己商定，各组间的座位定期纵横轮换。每个人在小组内都有一个职务，如组长、生活委员、学习委员、宣传委员、劳动委员、纪律委员等，还要负责收发一两科作业，相当于小组的课代表。组长定期轮流任职。班级还有班级层面的同类职务，各组组长轮流兼任副班长。小组内一个月一考评，按综合贡献得分排出名次，每个小组的前三名和进步最快的前三名有奖励；组间也有评比，每月综合总分第一名和进步最快的组全组有奖；各小组的各种职务间也有评比。每个小组轮流承担班务，如某月第一组负责黑板报，第二组负责扫地，第三组负责搬作业，第四组负责绿化等，由班长负责协调。学生要想在组间调动，要由申请人自己协调，两组全体成员同意方可调动。在面对学校、班级组织的某种竞赛时，组与组之间可以相互借用人员，但要"支付"一定代价。这个制度落实起来的关键是班长要有长劲，要能够配合班主任坚持这一系列制度的落实——这首先要求班主任有心劲。干什么事都要有长劲，不唯管理班级。

当我这样管理座位时，座位的物理空间性质被淡化了，转而被每个学生重视的是自己的成长表现。座位不再是一把椅子、一个位置，而是一种责任、一种环境、一种经历、一种过程。学生能从中获得什么很难估量，但有一点可以肯定，他会安心地坐在那个座位上并且努力上进。我觉得，这种能让学生上进的座位，是真正的好座位，所以班里的每个座位都是好座位。

面对一个特定的班级，怎样赋予座位以某种意义，要根据学生的发展特点来确定，这基本上要靠班主任去用心体味。一个班级，座位的教育意义也可能不是单一的，可能这些位置有这种意义，那些位置有另外一种意义，但是无论如何，不能让座位有什么等级色彩，大家都在一个班级里，必须在人格上平等，在心理上平等。

当然，座位的教育意义需要长时间的滋养才能生成，才能被全体学生认识到并认可。对于一个正常的班级来说，要努力建设一种比较稳定的机制来保障座位的"意义"能够显露出来，让全体学生都能为丰富座位的内涵而努力。

（郑文富 / 广东省广州市第四十七中学汇景实验学校）

 如何解决排座位时出现的矛盾

一个班级几十名学生组成了一个小社区。社区里充满了人与人之间的各种关系，当然也会有各种矛盾。合理解决这些矛盾，理顺各种关系，促进班级和谐发展，是班主任的重要工作。座位问题当属此列。每个学生都想拥有一个自己心中的理想位置，或是有利于听讲，或是和好伙伴坐在一起，或是希望得到同桌的各种帮助。但是，众口难调，座位不可能让所有人满意，由此产生矛盾也在情理之中。这是每一个班主任都回避不了的问题。应该说，没有一种万能的排座位方法可以避免产生任何矛盾，关键是班主任如何教育、如何做工作、如何让矛盾最小化。当然，让座位更加合理，甚至把座位变成有利于学生进步和成长的资源，是班主任更高的追求。

如何减少排座位的矛盾，将座位资源最大化呢？根据我的实践体会，提出以下七个做法。

（一）根据规则排座位

根据规则排座位是解决矛盾的最有效方法。

每个班级的特点不同，所以相关的规则也不尽相同。具体规则怎样并不是最重要的，关键是注意以下几个问题。

1.公平公正，一视同仁

规则的第一特点就是公平公正，在规则面前一律平等。按照规则办事，大家都不会有意见。

2.公开透明，不搞暗箱操作

规则要在全班宣布并打印成文本公示。规则最好也告知家长，因为有些家长会向班主任提出关于孩子座位的要求。有了规则，班主任就可以心平气和地回复这些要求——符合规则就可以换座位，不符合就换不了。

3.发扬民主，征求学生意见

班主任可以深入学生中去了解他们的意见和想法，也可以设计相关的调查问卷，然后根据大家的意见和班主任的主导思想，整理出若干条款，由班级大会确认通过。学生自己参与制定的规则比较有公信力，执行起来阻力也小。

4.相对合理，学生能够接受

关于合理与不合理的问题，举几个例子说明。

第一个，根据考试成绩排座位——不合理。这样的规则有歧视"后进生"之嫌，容易导致学生的反感和抵触，也会让考试成绩好的学生不自在。

第二个，学生视力不好，提出坐在后面看不清黑板，想往前面调——不合理。因为目前学生近视的比例很大，不可能都照顾到。视力不好可以配度数合适的眼镜。个别特殊情况除外。

第三个，男女生不能同桌——不合理。要鼓励男女生之间的正常交往，不要人为设置障碍，这样做不会收到预期的效果，甚至会适得其反。其实男女生同桌有很多好处。

第四个，和学习成绩好的同学坐在一起，便于讨论请教——部分合理。优等生的资源有限，不可能满足所有提出要求的人。另外，上课时也不能随便讨论，寻求帮助可以在课外时间。不过，如果有可能，班主任也可以结合学生学习互助的情况考虑座位安排，但是一定要双方都愿意。

第五个，根据身高排座位，个子高的学生坐在后面——比较合理。个子高的学生坐在前排会挡住后面同学的视线。

公平合理的规则比较容易被接受，不易引发矛盾，也省去了班主任一次次解释说教的烦恼。

（二）根据学生的意愿排座位

学生坐在教室的第几排主要是由身高决定的，但是同桌却是可以自选的。班主任要尊重学生的选择权，尽量满足学生的意愿。为减少矛盾，在编排座位时有更大的选择余地，可以让学生自己提出两到三个意愿，班主任进行排列组合，尽量满足学生的要求。这样做的工作量并不像想象的那么大，却能让绝大多数学生满意。我曾经多次尝试过这种办法，效果不错。

尊重学生的意愿，会不会导致一些不良的后果呢？比如，关系好的学生坐在一起，上课更容易讲话，影响课堂纪律，等等。这个问题要辩证地去看。首先，要充分相信学生选择同桌的动机是良好的，是为了有个好心情更好地上课，还可以互帮互助。其次，要让学生明白，信任和尊重是相互的，为了让自己与满意的同桌能长期坐下去，同时作为对班主任尊重学生意见的回报，每个人都要珍惜自己的权利，共同为良好的课堂纪律作贡献。最后，可以让这样一份座次表试运行一段时间。这样，那些不自觉的或在一起互相有坏影响的学生的意见就不配得到尊重。道理说清楚后，班主任再调动这些座位，学生也无话可说。

（三）建立座位轮换制度

座位也需要进行轮换，一方面是为了锻炼、提高学生人际交往的能力，使他们尝试和不同性格的同学相处；另一方面，好的位置和相对差的位置大家轮流坐，座位不搞终身制，也比较公平。一般半个学期可以微调一次，一个学期可以较大范围地调整一次。

这种做法既保证了公平，又保持了学生的新鲜感，增进了同学之间的相互了解和感情，促进了班级整体的和谐。当然，这项制度也要看班级的具体情况来制定。

（四）制定合理的换座位规则

班主任要教育学生，每一个座位都有优缺点，没有绝对好的位置；要把主要精力放在安心学习、与同学友好相处上，不要对座位问题过于纠结，更不能太自私，只想着自己的利益，要考虑别人的感受和班级整体利益，减少班主任工作的麻烦。对于学生提出的换座位请求，班主任可以这样处理。

首先，可以规定一定的期限，比如半个学期或一个学期。除非有特殊情况，期限内基本不同意学生换座位的要求（可以以规则的形式明确）。达到一定期限，学生可以向班主任个别提出申请并说明理由。不正式申请不予考虑，但申请了也不一定就满足其要求。

其次，申请者要在现有的座位上好好表现，如果因为座位不理想或暂时不能满足换座位的要求就不好好听课，则换座位的申请将不被接受。只有在现在的座位上尽自己的努力好好学习的学生，调换座位时才会优先考虑。

再次，在座位问题上表现出大度、谦让、顾全大局的学生在调整座位时将优先考虑，或在其他荣誉问题上补偿，不让老实人吃亏。这条"补偿原则"尤其重要。因为班主任在换座位问题上经常需要一些境界比较高的学生的理解、合作，才能顺利地解决矛盾。发扬风格被认为是一种美德，但是，如果不能体现公平，一味要求学生谦让，造成好说话的学生吃亏，就是不合理的。

（五）让学生参与座位的编排工作

班主任可以尝试让班干部参与编排座位。由能力强的班委或者由几名班委组成的小组排出来的座位并不比班主任亲自排的座位效果差。学生朝夕相处，对班级的课堂状况和同学关系了解得最清楚，所以学生自己排的座位往往更加合理。

在操作上，主持编排座位的班委首先要去了解同学关于座位的要求，然后根据班委自己的观察和若干原则试排出一张座次表，交班主任审批。其中，个别学生的动员也是先由班委做，如果工作做通了，就不需要班主任出面。这样班主任就有了一定的缓冲余地，可以集中精力应对难度大的思想工作。

此举既让班主任从矛盾的中心解脱出来，也锻炼了学生的能力，可谓双赢。从我自己带班的实践来看，效果非常好。

（六）改善座位周边的小环境

学生对座位的满意度，第一取决于同桌，第二取决于紧靠自己的前后排同学。以双人座的小组为例，与每个学生距离最近、影响最大的有五个人：同桌、后排两人、前排两人。所以，在教室里营造优良的小组环境，是提升学生座位满意度的好方法。

在以六人小组合作制为管理模式的班级里，每个小组都是一个相对独立的单元，是"班级"的下一级组织，也是可以执行多种任务的小团队。组员之间相互关系密切，既有合作，也有互助和相互管理。小组环境对于每一个组员的学习和活动有着重要影响。小组建设搞好了，座位的矛盾自然减少。

编排合理的小组比仅仅安排座位的难度大得多，编组通常按照异质分组的原则，即小组成员各有所长，成绩有高中低的差别，这样，既可以实现优势互补，也有利于结对互助。

科学地编排小组，是合理地编排座位的延伸与提升，能让每一个座位的资源最大化。班主任要细心考察，认真分析每一个学生的个性特点、优势劣势，尽量让组内成员互补、每个小组的水平大致相当（这样方便评比和竞争）。参看以下示意图。

学生A （语文组长）	学生B （理科组长）
学生C （数学组长）	学生D （英语组长）
学生E （行政组长）	学生F （文科组长）

六人小组示意图

在这个六人小组中，每个组员既是组长也是组员，座位的概念拓展为小组环境。

（七）加强课堂纪律管理

教室很小，如果课堂上吵闹，无论坐在哪里都会受影响。班级风气不好，任何人都不能独善其身。所以，要想从根本上解决座位问题，必须保证班级整体的课堂纪律。班级纪律好了，学习气氛浓了，排座位的矛盾就小了。

所以，班主任应该有一定的战略指导思想和战术安排。首先要致力于打造优良的班级环境，包括硬件环境和人文环境，尤其是课堂教学环境。班级整体纪律是座位问题之本。其次是小组建设，小组是中环境，小组工作做好了，也有助于解决排座位的矛盾。最后是同桌，同桌是小环境。环境对人的影响是比较大的，就好比买房子，首先要选社区环境好的，其次是社区中的小环境相对好的，最后才是好邻居。如果班主任过于追求排座位的技术，却忽视了班级整体环境的建设，那无异于舍本求末了。

以上做法，仅供班主任朋友们参考。

（陈宇／南京市第三高级中学教师，南京市优秀班主任，

南京市德育创新奖获得者）

新生入学不适应，怎么办？

新学期开学不久，学生小丽的妈妈就给我打电话，说她孩子上初中后，好像变了个人似的，从前活泼好动，现在却整日呆坐着，面对书本发呆，有时还无故发脾气，说不喜欢新学校，功课难，老师讲课速度快，在班里也没有朋友，很孤独。我知道这是因为孩子对新环境不适应。可我不知道，怎样才能切实帮助她。请大家帮我支支招儿！

——安徽·何玮

一、正视不适应：非单因导致

新生入学不适应的典型"症状"

在中小学不同学段，由于学生年龄和知识能力不同，新生入学面临的不适应也不尽相同，但总体上都是学生面临的实际环境与自己的预想或以往的习惯、看法有差异甚至冲突，从而带来了不适应。这种不适应通常表现为四个方面，下面笔者结合任教的高一年级情况具体分析说明。

1.对新学习环境的不适应

高一新生来自不同的初中学校，当对过去环境的熟悉感被新校园环境的陌生和未知打破，特别是高中校园环境不如初中好时，若再伴有一些中考的失意，学生就会产生失落感。班里不少学生告诉我，他们是因为中考成绩偏低或志愿填报失误才来到我校的，加上我校当时正在进行大面积改

125

建，学生自然对学校环境产生了不适应。

针对这种情况，我首先向学生介绍我校的发展历史和实力提升过程，再将学校改建前后"旧貌换新颜"的图片对比展示，让学生对新校园的发展和未来充满信心，寄予期待。又请熟悉情况的本班学生和高年级学生介绍新校园的主要功能分区设置、本年级各班教室位置和本班教室的设备设置，并发动学生给班级布置提建议，提高学生的参与度和主人翁意识，从而打消其陌生感，让学生认识和亲近新的学习环境。

2．对新同学、新老师的不适应

面对新老师和新同学，由于相互之间不了解、不熟悉，学生普遍比较谨慎、放不开。其实，这种"不适应"是暂时的，青少年年纪相仿，志趣相投，随着学习生活的展开，多数师生、同学间的陌生感很快会消散。当然，如果班主任能组织有益的活动，主动缩短同学间的心理距离，化解这种陌生感，效果会更好。

经过开学前为期一周军训的朝夕相处和交流，学生相互之间很快就熟悉了。当然，如果没有这个过程，也可以在入学后及时组织"破冰"活动，如班级游戏、自我介绍、小组活动等，学生们会因认识、了解而很快适应。

学生对于老师的不适应，多数是不适应新老师的教学方法和要求。此时，班主任需要适时向学生介绍初高中课程的不同及老师教学方法和要求的目的、意义，介绍高中、高考的特点，高中老师的经历和成果，使学生建立对老师做法与要求的信任和理解，树立对高考的期待，进而积极面对高中与初中的不同。

3．对新制度、新要求的不适应

高中的管理制度、要求通常比初中更加严格，会导致部分学生无法适应。虽然我校高一新生开学前都经过了严格军训，但新生仍然会对学校和班级在作业交送、手机管理、午餐午休管理、教室空调使用、出勤值日等方面的要求产生不适应甚至不理解。同时，学生也会不自觉地将新集体的制度和以前学校的制度对比，对比时，又往往只注意到新集体要求的提高，而忽略了随着学段的提高，对自我应有更高的要求。

开学不久，我就专门组织了主题班会——"如何看待学校、年级的制度和要求"。在班会上，我提出换位思考的问题让学生集体讨论，还采用辩论的形式让学生充分发表意见，以便通过交流互动，逐渐厘清想法，达成一致意见，统一做法和要求。比如，学生对高一早读比初中提前10分钟开始很不理解，我就对早读的重要性、初高中的差异进行了集体教育，学生理解了，也就逐渐适应了学校的要求。

对于新制度、新要求，高中生毕竟比小学生和初中生有更强的理解力和自控力，班主任要联合科任老师，及时向学生讲清楚高中与初中的不同及做此要求的原因，并给出可操作的建议和方法，让学生在尝试解决中，树立正确的高中学习观念，积极适应初高中的差异与变化。

4. 对新学习内容的不适应

高中知识是为考入大学打基础，难度与广度要比初中大得多。开学刚一个月，我班新生就对高中考试科目多、作业量大，特别是数学、物理等科目难度大、学习要求高很不适应，纷纷在周记里表示，几乎要跟不上高中学习进度与作业要求了，很是苦恼。

为此，我在班里组织了高中学习问题意见搜集和调查，并让学生写出困难的原因和解决对策，在班里进行大讨论，集体归纳出针对普遍困难的解决办法。

又如，我班学生普遍感到家庭作业时间长，导致晚睡，第二天精力不足，学习效率下降。我在班会上就此组织学生展开讨论，商量解决办法，并发动适应快、成绩好的学生分享自己的做法和经验。我告诉学生必须积极适应、主动改进，要善于利用琐碎时间来完成作业，要及时弄懂知识难点，遇到困难主动向同学和老师寻求帮助。同时，我在班里组建若干学习小组，发动组内督促和组内外互助，并结合小组间的竞争机制，推动了学生对新困难的适应进程。我还邀请有经验的家长和高年级学生现身说法。一段时间后，学生逐渐适应了高中教学要求，也在互动中增进了情感，改变了对于困难的态度。

新生入学不适应是一种普遍现象。在学生出现不适应时，班主任要根据具体情况，对症下药，发挥同学间、师生间的正能量和积极因素，有针对性地指导学生尽快走出不适应，融入全新的学习生活。

（李涛 / 广东省广州市第一一三中学高中部）

二、化解不适应：须多管齐下

（一）借力同伴，远离不适应

让孩子们学会共同生活

多数刚升入初中的孩子，都会或多或少地感到不适应。因此，在新生入学这一"特殊时期"，让孩子们学会共同生活，对他们的"可持续发展"无疑会有极大帮助。

小 H 的父母常年在外地打工，他从小就与爷爷奶奶一起生活。隔代教育的弊端在他身上表现得尤为突出。说话不够文明不说，长时间不洗澡、不洗脚，更让室友们"忍无可忍"。

开学不到半个月，小 H 便很委屈地告诉我，同宿舍的同学都叫他"臭小鸭"，他决定不在学校寄宿了。我想，小 H 家离学校那么远，每天起早贪黑地往返，终究不是长久之计。我必须妥善处理，不能简单地让他退宿了事。

于是，我召开了一次班会。我深情地对孩子们说："每个人都有优点、长处，只是有时我们缺少发现别人'闪光点'的眼睛；同样，任何人身上也都会有这样那样的缺点与不足，'人非圣贤，孰能无过'？毕竟人无完人嘛！"接着，我建议以"三省吾身"作为这次班会的主题。大家立刻以热烈的掌声表示接受。

此次班会，共分三个环节：一是"取人之长"，每个学生至少写出同桌或室友一个优点；二是"揭己之短"，每人要写出自己的一个不良习惯、不良爱好或性格弱点；三是"总结汇报"，有代表性地选择一些学生汇报自己的认识后，再进行自由讨论、自由发言。在"总结汇报"环节，我有意多给小 H 所在宿舍的学生一些机会，他们个个发言积极踊跃，不仅从小 H 身上找到了大量优点，比如爱帮助别人、讲义气等，还认真开展了自我批评，赢得了同学们阵阵掌声。

这节班会课后，包括小 H 在内的大部分学生，开始有意识地改正自己的不良习惯，他们融入集体生活的愿望也变得越发主动而强烈。一些总善于找别人"缺点"的学生，也开始反思自己的不足。他们逐渐学会了以欣赏的目光看待别人，也学会了如何与别人更好地相处。随着时间的推移，很多学生不仅善于悦纳自己，也能够悦纳别人了。

所谓"新生入学不适应"，主要是因为学生还处于相互"冲撞"的"磨合期"。此时，只要班主任善于引导孩子们相互理解、相互包容、相互帮助，让他们学会共同生活，一切困难都会迎刃而解。

（刘向权／安徽省利辛县纪王场乡中学）

（二）心理疏导，走出不适应

老师，我不想上学了

雪是刚从我班毕业升入高一的孩子。上初中时，她学习习惯好，成绩较好，经常得到老师表扬。可高中生活刚开始一个月，她就给我发来短信："老师，我不想上学了！我特想和您聊聊！"

感受到问题的严重性，又考虑到孩子的时间情况，我和她约好周日下午在 QQ 上聊。

"老师，我现在对上学特别没兴趣，心里烦躁。我同桌是个活泼开朗、很爱笑的女生。刚开始我觉得她挺好，可现在我一听到她的笑声就觉得烦躁，有时一看到她进班就心里难受得不行，都不想看到她。"雪内心积郁的情绪终于找到了一个突破口，一下子爆发出来。

"我很理解你不想见到一个人的感觉，我有时也有这种感觉。"我顺着她的思路说，"她平时的表现如何？是爱学习还是经常捣乱呢？"

"她很爱学习，经常得到老师的表扬。"

"她对你好吗？如果你向她请教问题，她会告诉你吗？"

"她挺好的，我只要问她问题，她都很热情，很上心。可是，我就是越来越不喜欢她那种样子，她的热情让我难受，她的笑声让我感到刺耳，她干啥我都觉得不舒服。"

"当你对一个人有了看法时，就会觉得她干什么都看不顺眼，我也有同感。"

"可不，现在我觉我上课都不能好好听课，写作业也不能专心，她只要在我旁边一有动静，我就什么都干不下去了。"我的话让雪产生了共鸣，她便毫不隐瞒地吐露了自己的心声。

"雪，她这么影响你，你觉得你俩有矛盾吗？"我问。

"没有！可是，我就是看她不顺眼。"

"雪，你现在碰到问题能主动来找我聊，自己努力寻找方法解决问题，你知道吗，能做到这一点很不简单呢！因为很多同学即使出现了这种状况也不知道解决，最后变得严重了，有的学习成绩不断下降以至于不学习了，有的和同学关系从此闹僵了。"我赶紧鼓励她，表扬她的优点。

"王老师，我都不知道怎么办好了。"雪的话里露着无奈。

"雪，你在初中时很优秀，老师们都很喜欢你，经常关注你。现在是不是觉得班里比自己厉害的同学很多？是不是总感觉老师看不到自己？"我试探着问。

"嗯！"雪回答得很痛快，看来我一语中的。

"你由初中时的优秀变为现在在新的班级里默默无闻，心里肯定会有很大落差。我觉得你现在最大的问题是不能适应这种落差。比如，原来老师都关注你，现在可能还有老师不认识你；原来学什么都很快，现在可能别人会了自己却不会；原来同学都围着你，现在同学都围着别人……我觉得你每天可能比较郁闷，肯定不如上初中时开心了。"

"是的，王老师，我一直都不太开心。老师上课不提问我，我郁闷；可有时提问我，我又回答不上来，就更郁闷。有时候看到别人做完作业了，我还在忙碌，心里也不开心。"

"是的，你的这些感觉我都有过，当时特别不开心，现在回想起来很正常，没什么。所以你要正确对待，这些都是正常现象，就是来到一个新的班级，开始了一段新的学习生活，暂时还不适应的问题。"

"嗯。"

"你的同桌很好，你也知道她对你很热情，你俩也没有什么矛盾，但是你就是不喜欢她。你想一想，是不是她平时的表现得到了老师的关注？她开朗的性格、她的笑声说明她在高中很顺利，而你正好觉得自己不顺利、不开心，于是，你就看她哪儿都不顺眼了。你觉得是吗？"

"老师，好像是这样。觉得她啥都会，老师老表扬她，觉得自己怎么都不如她……"

"这说明你很有上进心啊！是好事。如果别人比自己优秀很多，自己却没感觉，说明咱麻木了，不求上进了。现在你要做的是调整好自己的心态，正确对待，你会很快走出这个怪圈的。"我赶紧鼓励她。这绝对是个自尊心特别强的孩子，进入新班级后突然的失落让她郁闷得不知道怎么办好了。

"你要知道，这个世界上比自己优秀的人很多很多，你不可能超越所有人，而且有时你根本超越不了。我在师范学校学习时，班里画画好的人很多，我一直很郁闷，总觉得自己画得不如别人，时间长了才发现，我在画画方面根本没有天赋，人家寥寥几笔画出来的东西就特像，而我就画变形了。承认了这个事实后，我就不郁闷了，我可以努力让自己画得更好，但是没必要非争第一。"

"老师，原来您也这样过啊！"

"是啊，我也是个上进心特强的学生呢！"我开着玩笑，"现在老师不关注你没关系，因为时间还短，咱们继续努力，老师肯定会看到你的努力的。你作业不如人家做得快也没关系，每天比前一天提前十分钟就是进步。你不要和别人比，要和自己比，和昨天的自己比，每天都比昨天的自己进步，你就会很开心的！你同桌的热情开朗对你来说是个多好的学习资源啊！你首先要告诉自己，她就是优秀，自己就是不如人家。承认这一点，然后多向她请教。就像初中时，你的同桌丰虽然不如你，但她经常向你请教，你也一直在帮助她，你俩一直同进同出的，关系多好啊！"

"哦，老师，我可以把自己想成当初的丰，把我的同桌想成当初的我！我好像有点儿明白了。老师，原来都是人家问我，围着我转，现在我需要围着她转了。"我仿佛从雪的话里感受到了她的豁然。

"对！你要学会转变角色。知道以后该怎么做了吗？"我快速地发送过去一行字，心里欣喜着她的欣喜。

"我首先要承认总会有人比自己优秀，承认自己的不优秀，从心理上接受这个事实。"

"对，首先要接受，接受了就会少些郁闷。然后，每天和自己比，让自己每天都比前一日进步。最后，和比自己优秀的人交朋友，向他学习。"

"老师，谢谢您！和您说完我心里舒服多了。"我仿佛看到雪在电脑前长长地舒了口气，还伸了个懒腰。

和雪的联系暂时结束了，知道雪能正确地对待这种情况，我心里轻松了很多。

孩子们走入新学校、新班级，面对新的老师、新的教学方式、新的同学关系、新的位置、新的学习状况……心里总会有所起伏。面对家长，孩子们不愿意说出自己的心里话；面对新老师，孩子们还没有那么熟悉；面对同学，孩子们不愿意暴露自己的软弱。这时最能帮他们解开心结的，就是原来的班主任了。所以，每当孩子们毕业时，我总会给他们提供我的QQ号码，并告诉他们："如果在高中有什么困惑，有什么郁闷，可以和我联系，我可以帮助你们。即使帮不了你们，也可以给你们一个倾诉烦恼的场所，我会是一个很好的倾听者。"

毕业了，我也会送学生一程，让他们轻松、顺利地融入新的学校、新的班级。我想，这是我们每一个班主任的责任。

（王丽华／河北省丰宁满族自治县第三中学）

（三）家校合力，消除不适应

家校"心桥"助成长

经过一段时间的入学教育，班上的孩子们渐渐建立了课堂常规，能够有序地学习、活动，只有小涵仍不能适应学校生活：上课时间，安静的操场上晃动着他贪玩的身影；课堂上，他溜下座位，剪烂同学的作业本；体育课上，他在走廊里闲逛，还和老师玩起了捉迷藏……我对他百般教育都无济于事。于是，我决定对小涵做一次家访，从而更全面地了解这个孩子。

一天下班后，我和同事王老师来到了小涵的家。这是一个外来务工人员家庭，爸爸在工地搞采购，妈妈暂时没有工作。我和王老师说明来意后，他父母对我们的到来很是欢迎，但也透着局促。我们首先肯定了孩子的优点，告诉他们孩子有不足也是正常的，千万不要因为这些不足而有压力，不好意思与老师交流。等他们渐渐摆脱了紧张后，我们才从孩子的生活、学习和交往等方面一一与他们展开交谈。

通过交流，我们了解到小涵是他们的小儿子，从小被带在身边甚是疼爱，要什么给什么，但他们只关注了孩子的衣食，却忽略了孩子的精神成长和养成教育。从幼儿园到学前班再到小学，老师们都反映过孩子不遵守纪律等问题，可家长在对孩子进行有限的教育后，更多的只是无奈和迁就。平时对孩子的教育方法不是骂就是打，骂完、打完就觉得自己的教育完成了。

针对小涵家庭教育的状况，我们首先帮助他的父母树立对孩子教育的信心，让两人都重视起来，明白在教育孩子方面谁都不能缺席，而且双方要保持一致。接着，我们和他们交流了很多家庭教育的方法，并针对孩子的情况提出了一些具体建议，同时向他们推荐了几本有益的家教类图书，直到他们的眼中燃起信心的火焰。我们离开时，他们充满感激地送了一程又一程，才挥手告别。

此次家访后，小涵有了较为明显的进步：课堂上不再借故溜出教室，甚至偶尔还能举手发言；体育课上也能和大家一起站队，进行训练；被同学"告状"的次数也明显少了……虽然他和大家相比还有很大差距，但在家庭和学校的共同努力下，我相信他会越来越好地融入这个班集体。

（董灿蕾／河南省郑州市黄河路第一小学）

三、度过适应期：要多措并举

（一）入学教育，上好开学第一课

1．入学微课：习惯先立，养成跟行

尽管暑假期间，一年级新生已经提前来校参观过，对小学生活有了一定的认知，可是每年开学第一周，一年级班的各种状况还是层出不穷。更严重的是，每年都有几个孩子由于对小学生活极度不适应，抗拒入学，甚至最终导致厌学。

为了改变这种状况，我校开始尝试推行"入学德育微课"。

（1）入学微课，家长先行

孩子入学，家长大都会产生焦虑情绪，这些情绪会影响孩子对小学生活的期待。因此，我校在 8 月中旬举行了新生家长微课堂，把学生入学后会面临的生活、学习或情绪上的问题制作成相应的短小微课，并做成资料包，引导家长提前学习了解，提前引起重视。

在家长微课堂上，每个家长都接到了一个厚厚的资料包，包括《家长情况调查表》《学校日常行为规范表》《致家长朋友的一封信》《一年级学生养成习惯清单》《一年级学生阅读清单》《一年级课程设置说明》《一年级教师介绍》《一年级学生课程评价标准》等内容。这些资料，有助于家长迅速了解学校的办学理念和教学常规，并熟悉小学校园的各个方面。接着，学校心理老师还给家长们做了如何帮助孩子更好入学的心理讲座；班主任和家长一起交流养成良好学习习惯的方法；每个班级还邀请一位二年级优秀家长传经送宝。上完课，家长们宛如吃了定心丸，对帮助孩子顺利度过幼小衔接过渡期充满了信心。

（2）入学微课，趣味先导

针对学生入学不适应的情况，我们也从学习和行为习惯培养方面开发了微课。这些微课以趣味为先导，深深地吸引孩子们。微课的主题是"立

习惯，巧体验"，分为"可爱乐园"、"认识新伙伴"、"好习惯大家爱"、"可爱的大朋友"等小主题。老师们事先备好课，做好课例。这些入学微课主要以活动、游戏为主，内容涵盖生活常识、生活学习好习惯、阅读、行为规范等，形式有童谣、儿童诗、绘本、视频等，通过晨诵、午读、暮省等方式进行，让学生易于接受，乐于参与。

(3) 入学微课，体验导行

万事俱备，只欠东风。在这张只有一周的微课程表里，凝结了学校多年的经验和老师们的智慧。开学第一周，一年级老师就开始带着这些入学德育微课内容走进小朋友中。在实施微课时，老师们注重群体体验，注重活动实践，增强情感渗透。在寓教于乐的故事、游戏、活动体验中，训练孩子养成就餐、如厕、列队、听课、午睡等行为习惯，学会文明礼仪。如担任一年级形体课的刘楠老师负责各个班级的排队训练，通过在餐厅、教室、操场等不同地点开展排队小游戏活动，让孩子们既感受到了小学生活的趣味，又训练了排队的礼仪与动作。李洁兰老师开发了一系列主题绘本故事，来帮助学生遵守班级规则和学校纪律，同时也培养了孩子们阅读的好习惯。心理老师带领孩子们玩各种以培养团队意识为主的团体游戏，如孤岛求生、不倒长城等，从而培养孩子们的集体意识。

(4) 入学微课，家校跟行

入学微课的教育有了老师、家长和学生的共同参与，起初效果往往很明显。但学生年龄小，自我控制力弱，好习惯和生活能力的形成需要反复锻炼，不断螺旋式上升，需要家长和老师不断地跟踪引导。因此，我们设计了"新生入学家校跟行联系卡"，让家长、孩子通过有趣的符号来反省学生一日的生活学习，教师也客观地做出评价。家校双方及时沟通、跟踪引导学生的入学状况，从而对新生入学情况了然于心，把新生不适应消除在萌芽状态。

以往，一年级的老师总要对孩子们反复强调学校常规，现在通过新生入学的德育微课，孩子们适应得更快、更开心。孩子们对新校园充满了期待，每天都盼着来上学，新生不适应症被很好地提前预防了。

（杨方芝 / 广东省中山市火炬高技术产业开发区中心小学）

2.新班级，我来了

接手新班，如何尽快消除新生的陌生感，让学生融入班级，建设班级，成就班级，是每一位班主任都不断探索过的。在多年的工作中，我也积累了一些经验，在此与同行分享。

(1) 精彩亮相——我识人人，人人识我

过去，新生一进班，我往往先让他们做自我介绍，可每次都沦为个别能言善辩学生的展示舞台，大多数学生毫无准备，有时甚至出现冷场，很难达到让学生互相认识，快速融入班集体的良好意愿。

于是，再次接新班时，我大胆采取让每个学生展示才艺的做法，效果非常不错。开学前20天，我用短信对每个新生表示祝贺并通知开学事宜。我告诉学生："开学第一天，请展示自己的一篇美文、一幅字画、一件手工、一帧刺绣、一个才艺，自己种植的一株植物等，让同学、老师认识不一样的你，让班级同学都欣赏你。"学生为了展示得更加精彩，都做了精心的准备，在进入班级时都亮出了自己的拿手绝活。看着教室里满满当当的作品，学生心里充满惬意的骄傲，每个学生都感觉眼前一亮，同时也看到了自己的差距；每位老师都感觉到新生有很多潜能、有别样的风采，从而留下了良好的第一印象。

(2) 文化融合——我为班级，处处有我

当一个人或一个群体植入了文化基因时，就能产生训导语言不能完全达到的融通效果。开学前，我对班级的文化氛围进行了精心的构思、策划，勾勒出一套基本框架，但内容全部是空白，因为我要有意识地留给学生去填补。

"我的灿烂笑容"板块，需要学生找出自己最心仪、最开心的照片贴上去，珍藏每一张照片背后的迷人故事，要让未来的学习生活永远充满微笑。

"我的心愿"板块，需要学生认真写下自己的心愿，密封好，等到毕业时再打开，学生们将之包装成了各种式样，有的设计为闪闪的星星，有的设计为奋进的帆船，有的设计为灿烂花朵，有的设计为腾空的火箭，有的设计为展翅的雄鹰，有的设计为参天大树，也有的设计为小草、鹅卵石……一张张卡片就是一个个发酵池，酝酿着明天迷人的芬芳。"我的精彩"板块，用来展示学生的第一件得意作品，算作学生给班级的第一件礼物。同时，我还设计了一个暂时没有内容的板块，那就是"我的足迹"板块，打算用来展示学生今后在各项活动中取得的荣誉。

通过这些活动，我要让学生感到班级处处有"我"，"我"就是班级一份子；是"我"必须这么做，而不是老师让我怎么做；"我"的存在是班级的光荣，"我"的光荣是班级的成功。人人享受收获的喜悦、成功的乐趣、进步的幸福，营造出和谐、朴实、幸福的班级文化。

(3) 交友沙龙——心装别人，互相知我

让学生学会与同学交往，尽快熟悉起来，是建设优秀班集体的第一步。开学第一周，我用一个下午的时间，组织学生开展交友沙龙。我提出了交友的原则、方法——"优势互补，共同进步，一路前行"，要让新朋友成为进步的帮手、互相鼓励的旗手，互相约定，携手快乐学习历程，撰写幸福的学习篇章。我还让学生写写"我的新朋友"、"我的新班级"、"我的新学校"、"我的新目标"，然后用信封装好，全部由我留存，到毕业时奉还学生，再让他们拆开交给那时的朋友读一读，去感悟当时的朋友和现在的"我"。同时经过交友活动，学生们互相认识，互相了解，互相信任了，班干部就自然而然民主产生了。有知"我"的班级、知"我"的朋友、毫无生疏感的集体，学生们就拥有了一个美丽绽放的起点。

(4) 参观辉煌——学习榜样，激励自我

学生对学校生活初步适应后，我就组织他们参观学校荣誉室，看看学校过去取得了哪些优异的成绩，了解每一项荣誉背后奋斗和拼搏的动人故事，寻找到自己前行的动力源。学生们参观后你一言我一语，诉说着自己应该怎么努力，为学校争得荣誉，产生了"终日乾乾，与时偕行"的觉悟，有了"坚守自我，捍卫梦想"的自觉，从而奋然前行，书写自己青春的华章。榜样的力量远比空洞的说教效果好得多，一个有了正确荣誉观的孩子是会拥有美好明天的，他的学习生活就会充满期待，充满活力，一路凯歌。

实践证明，只要全班学生都有了美好的愿景，成长的过程就是欣赏沿途风景，中学生活的终点就会充满欢呼雀跃。

（李国茂／四川省阆中市朱镇乡中心学校）

（二）现身说法，用好"老生"资源

1．"旧部"带"新兵"，实现传帮带

每次接手新班，带领新生以最短时间适应高中生活，实现初高中对接软着陆的，并不是身为班主任的我，而是那些与我朝夕相处了三年、刚毕业的学生。接手新班时，我总是让"旧部"欢迎"新兵"。

每年8月初，新高一的班主任手上都会拿到本班学生的名单，之后就是为期半个月左右的家访活动。在我任教的班级里，首先与新生沟通的并不是我，而是刚从我班毕业的部分学生。作为同门师兄师姐，他们组成学兄学姐团，或根据初中毕业学校以母校校友的身份，或根据县市区域以老乡的情义，拉近新老学生之间的距离，通过电话、邮件、QQ、微信乃至见面等诸多形式，欢迎学弟学妹们来到我的班级。

由于他们和学弟学妹只相差3岁，年龄相近，因而更容易沟通，那些充满好奇的高一新生往往会私底下向学兄学姐打听一些他们急于知道的信息，而学兄学姐们也热情回应，乐意担当新生适应高中生活时的"指路英雄"。他们有问必答，有求必应，诸如初高中学习方法的差异、寝室生活的注意事项、开学前需要做好的准备工作、班级科任老师的教学风格等，都是彼此交流的热门话题。而新班主任的脾气性格、带班风格、教学水平等，则是新生最为迫切关注的。我的这些"旧部"们，在尽可能真实地把相关信息传递给新生的同时，也会适度为我美言或解释一番，以便让我在"新兵"心目中有一个良好的第一印象。之后，他们会把所负责学生的情况反馈给我，这样，

在我对新生正式家访之前，我们双方已经对对方有所了解了。

2.始业教育，让班级文化实现传承

"亲爱的友民的孩子们，很高兴能有机会向你们娓娓道来三班的故事。也许我类似流水账的行文及对这些琐碎小事的记叙丝毫不能引起你的兴趣，更别提共鸣了，但其实我的每一句话，都在深深地表达着自己对这个有着无限人情味、凝聚力、进取心集体的怀念和对你们的殷殷期盼……"开学报到时，每个新生都会从学兄学姐手中接过一封热情洋溢的欢迎信，他们以书信的方式展示着过去班级特有的文化基因。

而在这之后长达一周的军训始业教育期间，学兄学姐们的工作也开展得有条不紊，诸如班干部、课代表、寝室长的竞选和培训，班规、班歌、班徽、班旗的征集，全班每日军训照片拍摄与分享，座位安排，寝室卫生，学兄学姐们都指导得非常到位。特别是他们精心策划的两次面向全班学生的学长报告会，集整个学长团队的力量，为新生们提供了营养丰富的精神大餐。其中，第一场报告为分享高中学业规划、社团选择、学生组织加盟、学习经验等方面的得失与体会，为新生提供了可资借鉴的经验。而第二场报告则是围绕着"建设一个什么样的班级和怎样建设一个好班级"展开的，主要介绍的是过去三年他们生活的班级所特有的文化元素，以及为此开展的一系列丰富多彩的活动。我带的 2012 届毕业生，甚至用自己参加暑期社会实践活动赚来的钱每天给学弟学妹们买绿豆汤解暑，在感动着这批刚迈入高中门槛孩子的同时，也让他们在最短的时间内亲身体验和感受了班级文化。

3.新老结对，让沟通跨越时空界限

"来到高一（1）班，我几乎没有太长的适应期，一入校就如同走进家门了。遇到问题，首先想到的是请教学姐诗霖，她是我开始高中生活的引路人，我希望三年以后，我也能像她那样就读对外经济贸易大学。这样，我的初中、高中、大学的求学轨迹，就都和她一致了。"这是新生贝尔和我分享的一段话，诗霖是和她结对的学姐，和她毕业于同一所初中。

在 9 月 1 日正式开学，毕业生陆陆续续离开家去上大学后，他们发挥的作用丝毫不比面对面的沟通交流差，因为他们和学弟学妹们开展了结对行动，由一名学兄学姐与若干名学弟学妹结对，通过电话、书信、网络等渠道为这些高一新生提供咨询、解答难题。随着时间的推移，学兄学姐们以切身经历，或是成功理念，或是失败教训，言传身教，有针对性地为学弟学妹指点迷津，排忧解难，在激励着学弟学妹阳光进取、勤奋有为的同时，也在鞭策着自己做学弟学妹心目中最好的榜样。

这种以同龄人影响同龄人的方式，让新生快速融入了高中学习和生活。这种沟通效果，是班主任的殷殷教导所达不到的。

（郑友民 / 浙江省衢州市第二中学）

（三）联合家长，开展养成教育

我们班的"多功能"表扬本

一年级学生入学时，一个新的挑战出现在班主任面前——如何让这些来自不同幼儿园的孩子凝聚在一起，并对他们进行有效的行为规范养成教育。

根据一年级孩子的年龄特点，我发现他们常常将学校授予的奖状和称号视若珍宝，常常将老师表扬自己的话一字不漏地记在心间。我何不利用孩子们的这种心理，迈出班集体建设的第一步？

开学时，我就让学生在家长的陪伴下，选购一个漂亮的本子，作为本学期的表扬本。

开学第一个月，我会根据孩子在校的表现，多元化地评价每一个孩子，坚持每天在他们的表扬本上进行记录和表扬，也鼓励家长将孩子在家的良好表现记录在本上，由我给予表扬。每得到一次表扬，我就会为他们画上一个笑脸；孩子们只要积累 10 个笑脸，就会得到一张"起航卡"。我还会为他们拍照，并将照片贴在班级表扬栏上，发到班级博客中，让孩子与家长都能感受到幸福，帮助孩子树立信心。这样，小小表扬本就成了家校沟通的新渠道，通过它家长了解了孩子的在校状况，我也知道了孩子的在家表现，我们互相配合，让每一个孩子都能得到表扬，从而满怀信心地尽快适应小学生活。

第二个月，拼音学完了，认识的字也多了，我便鼓励学生每天阅读 15 分钟。家长在表扬本上记录阅读的书目，我批阅并奖励孩子笑脸，鼓励他们热爱阅读。这样，小小表扬本又多了一项功能：激发学生阅读兴趣，为班级形成良好阅读氛围锦上添花。

半学期过去了，孩子们基本适应了小学生活，但又开始出现各种各样的小情况、小问题。于是，我告诉孩子们，得到的笑脸一定要珍惜，如果犯错误，就会失去一个笑脸。家长在家中遇到孩子出现问题无法解决时，也记录在本子上。我每天看到后，会及时配合家长教育孩子，努力解决问题。通过这一举措，孩子们开始有了自我约束、自我管理的意识。

第一学期最后一个月，孩子们会写的字多了，我就鼓励他们记录自己一天在学校、在家中表现好的地方，我也根据情况进行鼓励或奖励。这一举措，一方面促进孩子们适当运用所学的汉字；另一方面，引导孩子们学习并培养自我反思、自我教育的能力。

小小表扬本为班级的整体发展发挥了大作用。它是家校沟通的新渠道，是孩子们小学生活的记录本，是班级评优的小标尺，是班级管理的好工具。借助它，有效推进了学生行为习惯的养成，促进了班级积极向上班风的形成，也让孩子们具有了一个良好的心态，快乐地融入学校生活。

（陈海宁／江苏省南京市江宁实验小学）

 ## 用真诚帮助学生完成学段过渡

在中小学，新生入学是很关键的时期，其中的教育与引导问题不容小视。在此期间，出现入学不适应的个别现象、集体现象也是很正常的，有时还会遇到少数问题严重、过于敏感的学生出现入学恐惧等现象。所以，从很早的时候开始，教育界就十分关注"幼小衔接"、"小中衔接"、"中高衔接"等问题。这些问题解决得好，学生快速进入正常的学习状态，教育教学的效率会得到提高，反之，则会打乱正常的教育教学计划，影响学生的常规发展。

应该指出，目前我国不少中小学对于新生入学时的教育、引导不够重视，任其自然的情况比较普遍。所以，在前一个学习阶段形成良好学习习惯的少数学生适应较快，往往一个月内就可以较好地完成过渡；而没有形成较好学习习惯的多数学生则对新学校长期不能适应，甚至会拖至整个学段结束，使整个教育归于失败。

可见，关注新生入学的适应问题，并不是可有可无、可抓可放的小问题，而是学校大面积提高质量和效率的关键问题。只有将认识提升到这一高度，相关的工作才会合理、到位，才能帮助尽可能多的学生，最好是全体学生，尽早地适应新学校的常态生活，从而健康有序地发展。

（一）

通常，学生从低一级的学习与生活状态转向高一级的学习与生活状态，是要有一个过渡与适应过程的。这个过渡工作做好了，对学生顺利进入学校的学习与生活状态、提高学习效率，会有事半功倍的效果，正所谓"磨刀不误砍柴工"。

当然，由于个性、家庭、以往受教育的效果等各种原因，学生的学习与生活能力、生理与情感年龄、对新学校的适应能力等，都是有差别的，需要班主任给予个性化的具体关注和个别指导。又由于我们的公立中小学基本上都是以"就近入学"为原则，所以，在入学前，班主任对新生原先就读的学校进行走访是十分理想的，也是非常必要和比较容易做到的。而输出学生的学校，也应在这方面提供方便与周到的服务，为学生教育的可持续性做积极努力，教育主管部门也应将此类工作作为各级学校工作的重要内容。

根据对新生原有学校的走访，班主任能较深入地了解学生群体和个体的具体情况，并能据此安排相应的教育和引导活动，把"不适应"的问题充分解决好，把隐患消除于萌芽之中，在班级建设中掌握更多、更大的主动权，使每名学生的优缺点、发展潜力等都能更好地掌握在班主任的手中。

若能挤出时间进行家访，效果将会更好，对学生的了解也会更充分。若时间和精力不允许，也可以有通融的办法：如几个班主任和年级主任等可通过分工合作，分片进行学校和家庭的走访，回校后通过信息整理进行资源共享；也可以组织科任老师、学生干部等做相关的走访工作，这对科任老师了解学生、锻炼学生干部、促进师生融合、帮助学生适应新环境等，均有积极作用。

在新生开学之前若确实没有机会和条件进行普遍家访或对原幼儿园、学校走访，则可以通过邮件、短信、调查问卷等方式或工具，对学生的背景状况进行深入了解，争取获得比较充分的学生信息，以便因人而异地安排具体的教育工作。在这方面，《班主任》杂志上有不少典型经验和案例可供广大班主任群体学习与参考。

（二）

一般情况下，新生入学不适应有以下两方面原因：外因引起的不适应，如进入陌生的新环境、受高年级同学的消极影响、接触社会面进一步开阔、影响因素变多、学校的过渡教育和引导不充分等；基于内因的不适应，如对原有环境的依恋、因性格或心理特点所致不够社会化、应变能力弱、良好学习习惯未养成、对新学校的预想与现实有差距等。

通过具体了解和梳理，上述原因又可细化出以下问题。①习惯问题，如从比较自由的游戏学习转向比较正规的教室学习，习惯没有转换和养成。②智力问题，包括在学科学习中遇到困难、智力水平未达到所需标准时存在困惑或恐惧等。③交际问题，如中小学从低到高，学生的社会化范围会扩大，对交际能力也有逐步提高的要求，而目前的中小学对此关注不够，会影响学生的适应程度。④心理和情绪问题，包括自信程度或自我存在意识的变化、情绪波动、是否有压抑感、缺少安全感等。⑤对学校、班级、学习生活的认识问题，包括在感受上、概念上存在模糊认识，对陌生的新环境不知如何适应，不知道新学校与过往学校的差异，不明白新学校提出新要求的原因与道理。⑥社会及环境问题，包括上学路程的延长、上下学的安全问题、学校周围的环境等，如打架斗殴、逃学玩计算机等，都可能在进入新学校的过渡阶段成为问题。其他的如家庭问题、亲子关系问题、经济或生活条件问题等也可能成为新生适应新学校生活的影响因素，容易引起学生的思想或情绪波动，特别是在初高中阶段，这类问题学生一般都讳莫如深，班主任若不及时了解，所做的工作有时会产生适得其反、对牛弹琴的不良效果。

（三）

当遇到学生出现不适应问题时，班主任首先要弄清楚这种不适应是个别人的问题还是部分人的问题，抑或是多数人的问题。并且要充分意识到，如果学校和班级没有做好充分适宜的过渡性工作，学生出现不适应就是十分正常的情况，不必困惑与紧张，而应主动积极地采取补救措施，安排相应的引导教育程序。

经过分析判断，如果不适应是普遍情况，就可安排班级活动，让学生、教师相互介绍认识，带领学生参观校园环境，熟悉上学放学的路径，介绍新学校、新学段的学习与生活特点，形成小组进行更为深入细致的交流，使学生的陌生感尽快消减，并增强学生对班级、学校的融入需求，逐渐加大班级和学校对学生的综合影响，也可逐渐增强整个班级的凝聚力和向心力。

如果是个别现象，则须因人而异地设计帮扶策略，通过个别指导或具体关怀解决问题。在这方面，日本中小学对外国学生的不适应情况所采用的解决方法很值得借鉴。比如，在新来的外国学生进入班级学习时，学校要派一位有经验的专门教师陪伴其完成过渡期，帮助其解决各类具体问题，包括语言交流问题、文化的解释问题、习惯差异问题、对学校的了解问题等。经过一个月左右，新来的外国学生就可自然融入班级学习了。

根据我国的学校现状，这类陪伴、扶持或指导工作，也可以由班主任、科任老师、学生干部、课代表、同桌等来完成。只要班主任眼里有问题，工作安排得具体细致，一样可以有好的效果，能够使全体学生都顺利地进入良性的学习与发展状态。

（四）

中小学新生入学不适应问题，在各学段有不同表现。所以，在不同学段担任班主任的老师，要对本学段学生的共性特点和典型问题有更为具体和深入的了解，并据此对普遍问题做出判断，进行有针对性的教育安排。比如：

第一，幼小衔接时的新生不适应，对应的是学生第一个叛逆期或反抗期。由于习惯、环境的变化，以及人际交流能力较弱，学生很容易出现不适应的情况。特别是那些性格内向、不善言语的孩子，其不适应往往表现得不充分、不典型，因此很容易被忽略。不少小学阶段的中等生或后进生，其成因并非在智力和习惯，而在于其"不适应"没有受到关注，没有得到必要的关心和帮助。

第二，小中衔接时的新生不适应，与新生的开阔眼界、接触面广等原因直接相关。这些学生通常觉得自己已经长大了，却没有做好各种适应性的准备。特别是在当代，一些学生在初一就进入青春期，而另一些学生到初三才进入青春期，他们在情感、情绪、志向、兴趣等方面很容易波动、变化、冲动，在适应与不适应方面也会出现变化和反复。因而，班主任不能简单地认为适应过程已经完成，而应多关注他们的细微变化。

第三，中高衔接时的新生不适应，比较突出地表现在从被动学习、靠老师安排向自主学习转变时。而在这一转变中，多数学生的适应过程比较艰难，有的学生在学校和教师放任自流的状态下，适应期甚至长达两三年。这一学段中的不适应，既可能有青春期的影响，也可能有缺少自主性的问题，但更多的是对高中学习方式的转变不清楚、无意识，体现为情感或心理年龄的问题，也可能是对考试升学或担负责任的恐惧。

第四，学生在学段内出现的转学不适应，一般属于个别性不适应，也可能在原学校就没有完成适应的过程。对于学生转学的原因，班主任要做了解，不管是因为家庭、自身或其他问题，转学对于学生的适应、转变和发展都是一个很好的机遇，把握得好会对学生进步非常有益。

（五）

对于学段内典型的过渡或适应的问题，班主任可安排有针对性的教育活动，引导多数学生积极适应，并可通过班集体环境与氛围的影响，裹挟着所有学生正常发展。这是因为人是社会性的动物，从众是未成年人普遍的行为特点。

作为班主任应知道，要解决学生行为习惯上的不适应问题，首先要解决其思想意识上的不到位问题。特别是要意识到学生出现的不适应问题，根源和关键在于学校或教师对过渡和衔接的问题不重视，对学生身心发展的特点与差异不关注。一旦班主任看到或意识到学生不适应是正常的、可理解的问题，解决问题的重要前提就有了，相关的方法与智慧就会被创造性地激发出来。

在这一方面，不仅有大量班主任或心理学等方面的书可以借鉴和参考，在学校里也可以向有经验的老教师请教，还可以因人而异、因时制宜地进行探索，更可以通过家长和学生的配合与支持不断巩固完善。

既然我们认为学生的不适应首先是认识或心理情感的问题，那么，班主任的工作就应在相应方面下功夫，通过有效和真诚的沟通交流，取得学生的信任和理解，将硬性的学校要求变为学生的自觉追求和内心认同，并要认真调整学校和班主任对"适应"的评价标准。不仅要关注学习成绩的优劣，更要看多元智能在学生身上的体现，关注其个性化的特点与全面发展。在学生中树立正确的学习观、生活观、世界观和集体荣誉感，使全体学生能更好地从适应走向成熟，顺利地完成本学段的学习任务，并为下一学段的学习打好基础。

在帮助新生完成过渡期的适应过程中，各种各样的教育活动都可以发挥作用，包括学习校史、校规，熟悉校园环境，请毕业生或高年级的同学介绍学习经验，请各科教师讲解学科学习的特点，开展多样化的适龄文体活动，组织学生畅想未来的学校生活，为自身发展和班级建设提出建议或想法，组织互助性的小组等，将每名学生的优势展示和发挥出来，将他们的问题与困惑变成班级整体要解决的问题。只要所有学生都能融入班级这一积极向上的群体，适应或过渡的问题就可以基本解决了。

（程方平／中国人民大学教授、博士生导师）

第三辑　成为高手

班主任日常工作缺乏效率，怎么办？

班级文化建设不知从何入手，怎么办？

班主任与家长沟通不畅，怎么办？

学习优秀班主任经验效果不佳，怎么办？

班主任日常工作缺乏效率，怎么办？

> 作为班主任，我总感觉自己每天都很忙碌，又忙而无功；总感觉自己付出了很多，却似乎又没有什么收获；总感觉自己不断地写教案、批作业、做记录、整材料，却又似乎说不出有什么成果。在此求助大家，就如何提高班主任日常工作效率，支支招儿！
>
> ——山西·文苑

一、高效有术，让管理走上快速路

（一）快速通道一：班务管理要科学

1.我的"工作日志"

作为班主任，教着九年级三个班的化学课，同时又担任学校的总务处主任，我常常一天到晚忙得不可开交。为了提高工作效率，避免做事情杂乱无章，我和自己约法三章：工作有计划，有统筹安排，有反思和总结。

我除了学期初要对本学期的工作有一个总体规划（制定方向、目标，确定总体思路）外，还坚持做好每周的工作计划和工作总结。具体到每一天的工作更要心中有数。为此，我以自己的课程表为基础，制作了一个"工作日志"，用来安排、记录、总结每一天的工作。"工作日志"表（见下页）就是我本学期某一周的工作记录。

有了具体安排，我就知道在什么时间做什么事，不会出现疏漏。它还可以督促我在规定的时间内一定要做完该做的事，因为下一个时间段还有其他事情要做。所谓"磨刀不误砍柴工"，完成这个日志很简单，只需每天到校后花上三五分钟整理、安排一天的工作任务，回家前用两三分钟做一个小的反思与总结，查漏补缺，寻找不足即可。

日期 时间安排 工作计划	4月21日 周一	4月22日 周二	4月23日 周三	4月24日 周四	4月25日 周五
工作计划 / 时间安排	1.准备班会工作 2.准备住宿生会议内容 3.做好伙房财产登记工作	1.检查宿舍、楼道卫生及宿舍物品摆放 2.学困生辅导 3.完成一篇优质课教学设计	1.准备明天教研活动发言 2.发放清扫工具 3.完成教学设计 4.指导学生搞好班级文化建设	1.中午12:30—12:50查宿舍纪律 2.做好课外小组准备工作并组织开展课外小组活动	1.总结本周工作，计划下周工作 2.印一份试卷作为周六、周日作业 3.做违纪学生的思想工作 4.周末宿舍卫生检查
第一课时	检查作业	检查作业、备课	检查作业、备课	检查作业、备课	班子例会
第二课时	备课	检查宿舍卫生	发放清扫工具	教研活动	备课、检查作业
课 间 操					
第三课时		教学设计	教学设计	九(三)	印刷试卷
第四课时	九(三)	九(四)	九(三)	九(四)	九(四)
午 休 查宿舍纪律					
第五课时	伙房财产登记		九(一)		学生思想疏导
第六课时	九(一)	九(三)	准备教研活动	准备课外活动	九(一)
第七课时	班会	九(四)		九(一)	检查宿舍卫生
第八课时	住宿生会议	学生辅导	班级文化	课外小组活动	
反思总结	学生周六、日作业完成良好，班会开得很成功，满意	宿舍内物品摆放较乱，教学设计没有完成，明天继续	班级文化建设搞得挺好，很有学习氛围。不错！	中午宿舍楼内学生安静有序，纪律良好。课外活动开展顺利、成功。心情愉快！	周末宿舍卫生太差，下周强调、复查。与学生的沟通、交流很重要。你关心学生，学生才能尊重你。尊其师，才能信其道

这个简单的表格，能帮我规划好一天甚至一周的工作，让我做事井井有条，还可以帮我找到空闲和剩余时间。比如，给住宿生开会我安排了一个课时，可事实上只用了 15 分钟。剩下的时间就归我自由支配，这样我就有更多时间去做更多的事情。

有了计划和安排，我的工作效率大大提高。工作日志使每天的工作一目了然，让我时刻知道自己该做什么、要做什么、在做什么，还有什么没有做，让我再也不会在混乱和无序中浪费时间。有了计划，有了统筹安排，我的工作和生活变得轻松而愉快！

（黄会敏／河北省曲阳县下河中学）

2.统筹兼顾，重点突出

工作效率＝工作总量÷工作时间，工作效率跟时间和总量都有关系。实际上，工作时间是有限的；由于突发事件随时可能发生，工作总量也往往是不确定的，所以要提高工作效率就要统筹兼顾，突出重点。

（1）明确目标

不同的班级有不同的工作目标。班主任确定工作目标要从实际出发，既不要好高骛远，也不能妄自菲薄。如果不切实际地追求过高目标，教师与学生、班主任与任课教师之间就会摩擦不断，结果往往连底线都守不住。

（2）分解任务

高效率的班主任总是善于集中精力做一件事，而且一次只做好一件事。有经验的班主任，会把复杂的班级管理工作进行拆解，分类并由专人负责。笔者的常规做法详见下表。

任务分解

工作类型	第一责任人	第二责任人	第三责任人	第四责任人	总责任人
作业收发	学生本人	小组长	课代表	学习委员	班主任
卫生保洁	学生本人	小组长	卫生委员	学管会（班长召集）	班主任
纪律秩序	学生本人	小组长	纪律委员	学管会（班长召集）	班主任

体育活动	学生本人	小组长	体育委员	学管会 (班长召集)	班主任
文艺活动	学生本人	小组长	文艺委员	学管会 (班长召集)	班主任
收费	学生本人	小组长	生活委员	班长	班主任
团队活动	学生本人	支部委员	团支书	学管会	班主任
突发事件	正、副班长	无	无	无	班主任
对外宣传	宣传委员	班长	学管会	家委会	班主任
家校互动	学管会	家委会	班级教导会	班主任	校领导
调查访谈	学管会	家委会	班级教导会	班主任	校领导

注："学管会"即学生自主管理委员会，"家委会"即家校联系、沟通委员会。

很多新手由于不具备分解任务的能力，往往导致把简单问题复杂化。他们往往不重视第二和第三责任人的作用，让自己过早介入，变成事必躬亲。失去学生集体或教师集体的支持和帮助，工作效率自然就不高。安排恰当的人在恰当的时间做恰当的事，自然能得到一个恰当的结果。新手应注意遇到工作就按类别来分解，形成任务分解能力，并让所有班级成员明确自己的责任，以使"事事有人做，人人有事做"。这样一定能提高效率。

（3）熟练业务

与学科教师工作进行比较，班主任工作更具有日常性、综合性与教育性。班主任工作既没有确定的教材和教学内容，也没有明确的教育方法和手段，其工作内容和工作方式是由本班学生的特点和具体的教育情境所决定的。相对于学科教师，班主任的工作更具有教育意蕴，所以做好班主任工作需要一些与学科教学工作不同的技能或方法。因此，班主任一方面需要进行专业培训；另一方面，要不断地调整、修订自己的教育行为，逐步使自己的工作熟练起来，从而提高工作效率。

（4）统筹安排

第一，先把已经确定时间的任务罗列出来，并根据已确定时间的间隔安排其他工作。学校每学期之初都有行事历，每周都有日程安排，常规工作在什么时间段完成大体上是确定的。既然如此，为什么不早做安排呢？

第二，逐步培养自己的日程安排能力，根据自己的喜好，将相应的任务安排在合适的时间段里。比如，早上到校发现有学生抄袭作业，笔者会先记录下来，具体处理则到上午大课间休息时进行。因为早上刚到校时，笔者往往急着批改作业等，教育学生很可能就会比较草率。而到大课间休息时，各种杂事基本处理完毕，此时头脑冷静，心平气和，就可以耐心细致地教育学生了。

第三，相似的工作排在一起。比如，重要考试之前做心理辅导，笔者会事先把情况相似的学生归类，在一个相对集中的时间段先后与他们谈心。这样的安排会减少主观思维的变化，从而提高效率。

第四，工作不要排得太满，始终给自己保留一定的弹性时间。在班级日常管理中，突发事件总是有的，保留弹性时间非常必要。

（5）做好预案和备案

在第一时间正确地应对突发事件是班主任的重要工作之一。突发事件如不能及时处理，往往会小事变大，直到超出班主任的掌控范围，不仅会白白消耗大量的时间、精力，还会给教师和学校带来各种意想不到的麻烦。另外，做好备案也不可少。凡有不确定性的工作，务必做好备案。讲通俗点儿叫"肚里有粮，心中不慌"！

（黄皓／江苏省无锡市第一女子中学）

（二）快速通道二：自主管理是"人学"

我的班级管理"三级跳"

2005 年，我担任初一（5）班班主任，很敬业，工作很忙碌，但效果一般。我是一个爱反思自己工作成败的人。当年暑假，我认真总结自己一年的班级管理经历，当时我认为自己一个重要的不足之处是没能发现和培养一名负责任的班长和一批称职的班干部。

于是，第二年新学期一开学，我吸取上一年的教训，对于班长和其他班干部的人选，反复考察，慎重选择，积极培养，使之成为我的得力小助手。开学三个月了，我这个班主任仍然一如既往地做得很辛苦，但效果不错，所以自我感觉颇为良好，直到有一次我偶然接触了魏书生老师的专著《班主任工作漫谈》，一切才发生改变。

我发现自己的班级管理方法其实还处于幼稚水平，尤其是在自主管理这方面完全处于盲区。我的成绩，是牺牲自己的大量时间和对学生严加督促换来的，是一种低效的运作模式。于是，我又一次开始思考和试图改变。

很快，一套新的班级管理蓝图在我头脑中酝酿好了。我开始尝试当一名"无为而治"的班主任，在班上推行自主管理模式。我从推行班干部完全负责制和培养学生自觉性两个维度同时抓起，辅之以小组长值日制，几乎每个学生都有其所负责的管理事项。做"懒"教师比做"勤"教师难，它更强调对学生习惯的培养，也更能体现一个老师的教学素养和教育智慧，走的是一条低投入高产出的高效实用管理模式。这种新的管理方式最终使我从全校跟班最勤、管理最紧的班主任变成了学校跟班时间最少、班风最好的班主任。从此，我再也没有很累的感觉，成了全校"最轻闲"的班主任，我在工作中品尝到更多的不是辛苦，而是乐趣。我的理念也逐渐发生了变化，从过去抱怨"一个班竟然挑不出一个能当班长的好苗子"转变到现在认为"人人都能成为管理人才"，只要你能为他们搭建平台并帮扶一程。

效率高不高，表面上看是方法问题，实际上是理念问题。理念一换方法新，方法出效率，效率出成绩。理念来自对外界的学习，也来自内心的自我思考，每一次思考，都会使我收获进步。没有这两次思考，我可能还是一个忙碌低效的班主任。所以，每当工作一帆风顺的时候，我总不忘告诫自己：今天，我反思了吗？

（徐天海／湖北省宜城市流水镇初级中学，

汪兴梅／湖北省宜城市第一移民小学）

二、管理有道，为高效运行扎根基

（一）功夫在"事"外，欲速需"内力"

投机取巧换不来真效率

学校要求做班会活动展示，我忙上网搜集材料，在众多的材料中比了又比，改了又改，花了好几天时间总算完成方案。可是交到领导那里，评语是："原创成分太少，我们不能为活动而活动，要利用活动解决实际问题，并在活动中提高班主任的能力。"我只好皱着眉头拿回来再改。正在郁闷头痛时，同事赵老师拿着方案回来，问她结果如何，她轻松地一笑，说："过关了。"我忙问："你是从哪个网站搜到的？"她一愣："我自己写的呀！"然后又跟我讲了她设计活动的想法和经过。我不由得慨叹："有原创能力真好！"她开始了下一项工作，我还得继续修改我的方案。眼睛在网上搜索了好几天，也没有人家的实用。

学校要求教师每月都要上交教育随笔、反思等文章，许多老师为了节省时间，常常从网上搜来材料改造加工，然后交上去应付，我也如此。同事赵老师却从来都是坚持结合自己的工作实际写文章。我最初觉得她有点儿太"实在"了，有网络不用非要自己劳心费神。后来我明白了赵老师的"实在"不是愚钝的表现，而是脚踏实地在提升自己的才能。我的应付表面上是节省了时间，可真正的效率始终属于脚踏实地的人。我不禁自责起来：人家在脚踏实地提升自己，我却在投机取巧应付自己，差距就是这样产生的呀！

和赵老师对比，同是班主任、同样年龄的我们，她的工作在有条不紊中收获着成果，我却在手忙脚乱中叹息，是才华和能力使我们之间产生了差距。我终于清醒地认识到了"内力"的重要，"内力"是提高我们工作效率的法宝。从此，我开始走上了踏实的成长之路，认真学习教育理论，努力锻炼自己的能力，不断提高自己的"内力"。渐渐地，我的工作效率也一点儿一点儿地提高了。

（秦庆华 / 吉林省蛟河市庆岭镇庆岭金城小学）

（二）好风凭借力，送我上"平台"

QQ群——提高班主任工作效率的有效平台

QQ 群运用于班主任日常管理可以提高班主任的工作效率，科学合理地使用它们，可以收到很好的效果。

（1）"班主任QQ群"的运用

班主任 QQ 群的建立可以有力地促进班主任工作。首先，工作进群，提高效率。只要班主任一上 QQ，就能得知最近要完成的工作任务，可以在第一时间获得消息。其次，集思广益，趋向完善。如果学校要开展一项活动，班主任可以就此畅所欲言，进行讨论，最后德育处根据大家的意见进行修改，使方案趋于完善，慢慢地，就可以形成具有学校特色的班级管理办法。从班主任中来、到班主任中去的活动或政策，班主任当然更支持，效率也会更高。再次，沟通交流，推广经验。班主任在日常工作中有什么困惑、疑难，可以在群里及时向有经验的老师请教，有什么成功的做法也可以及时推广，班主任之间的交流更直接、更快速、更有效。同时，正能量的相互影响有助于班主任工作走出低效，有助于学校氛围走向和谐。

（2）"家长QQ群"的运用

以往，我们和家长沟通的方式主要是家访、面谈、电话沟通等，但这些方式总是会受时间、空间的局限，而家长 QQ 群就不存在这个问题，通过它可以随时随地和家长沟通学生存在的问题，如学生的良好表现、如何教育孩子、需要家长做哪些配合，等等。如果是共性问题，可以群聊；如果是个别问题，可以私聊。通过 QQ 群，可以有效地增进家校沟通，让家长更全面地了解、支持、配合学校的教育工作，更可以拉近班主任与家长之间的距离，从而提高班主任的日常工作效率。

（3）"班级QQ群"的运用

班主任日常工作最多的事务是班级管理，班级是学生学会学习、学会做事、共同生活、生存和发展、提高综合素质、发展个性和创造力的基本环境，其中的学习交流、相互关系和集体意识是影响和作用于集体每个成员的重要教育因素。建立以班主任为核心的班级QQ群，首先，有利于形成形式多样的师生交流。班主任和学生都是群里的成员，人人可以随时加入正在交流的话题之中，既可以在群聊窗中进行，也可以在单独的对话框中进行，形成多种教育阵形。其次，有利于同学之间的相互理解。任何信息都可以在班级QQ群里流动和交换，每个人都可以表达自己的看法，每个群员都参与并享受群中所有人的智慧。这样同学之间就会更了解，班级氛围就会更加融洽，班主任的日常工作琐事就会有所减少。再次，有利于开展润物细无声的思想教育。班主任可以通过自然交流进行引导，激发学生们的思想碰撞，促使学生在不知不觉中接受思想的洗礼。最后，有利于打造班集体归属感和认同感。通过引导学生建立共同目标、利益，如设立班级的群名片、群目标等，把正确的世界观、人生观、价值观作用于每个学生的意识和行为，促进班级教育工作的有利开展。

（管福泉／江苏省南京市河西中学）

 ## 班主任的时间意识与教育人生

在今天这样一个社会急遽发展、生活节奏日益加快的现代社会，"忙"几乎成为绝大多数人的生活状态，"我的时间都去哪儿了"成为人们对于生命存在感、价值观的追问方式。对于在学校里生活的人而言，时间总是匆匆而过，"时间感"仿佛是为这样一个人群而存在的，而对于普通学校的班主任而言，时间感尤为凸显出来。伴随着每一个日出日落，伴随着班主任的每一节课、每一天、每一学期、每一学年的开始与结束，时间的金线就这样细细密密地织就了班主任的教育人生。

学校生活本应是一种慢生活，读书是让生活变得不再浮躁的一种生存方式，教师原本可以慢慢地品味每一段时光的流逝，慢慢地欣赏每一朵花儿的绽放，慢慢地享受与天真烂漫的孩子一起度过的美好时光。然而，这种田园牧歌式的学校生活却被现代生活节奏下对效率及其背后分数的追逐打破了。学校变得越来越像工厂，教学越来越像大工业的生产流水线，学校教育不再关注每一个生命的生长，不再关注教育展现的过程，而是关注一个个可以量化的指标和结果。一切同效率和结果无关的行为都被视为浪费时间或无效行为，进而否认其存在的价值。

与之相应地，对于班主任工作而言，除了班级教学和常规管理之外，学校内外的各种活动或检查也在不断充斥着班主任本已少得可怜的自主支配时间。于是，提高班主任工作效率的难题只能由班主任自己去解决。班主任工作如此，学校工作同样如此。如果班主任不能有效解决时间和效率的问题，那么，新的问题还会不断涌现出来。因此，需要破解难题的不仅仅是班主任，更是当前的学校教育本身。

在社会变得日益浮躁，学校生活中"效率优先"原则胜过一切教育规律或教育原则的今天，班主任应该如何守望自己的教育理想和信念，规划好自己的教育人生，而不是成为班级琐碎事务的管理员呢？我提出以下几点建议。

第一，转变思维方式，变班主任工作的事务取向为专业取向、事业取向。班主任应树立强烈的专业自主意识和职业生涯意识，认真过好生命里的每一天，而不是敷衍了事，以完成每天的任务为唯一目标；从班主任专业化的角度，按照专业化的要求，对班主任的常规工作进行分类，如学生行为习惯养成教育、班级常规管理、班级文化建设、班级集体教育与个别教育，等等。用研究的态度对待班主任工作，处理好班主任工作的计划性与突发性的关系，将每一个突发事件或问题作为一次提升班主任实践智慧和能力的机会，认真加以研究与应对。在积累班主任工作实践经验的基础上，善于总结反思，努力成为一名专业型或专家型的班主任。

第二，转变角色意识，从班级管理的运动员变为班级教育教学活动的指挥员。要转变"大事小事亲力亲为，做得越多越好"的工作思路，发挥班主任在班级教育教学活动中的组织者和协调者的作用，善于放手，给学生、其他科任老师更多的参与班级教育教学活动的机会，调动学生、科任老师以及学生家长的积极性，争取一切可以争取的教育力量，将班级建设成为一个学习、生活的共同体。

第三，树立班级工作中学生的自治意识和主体地位，发挥学生参与班级教育与管理的主体性。从落实学生作为班级管理主体的角度，对班级工作进行分类，而不是由班主任一人包办代替所有班级工作。一位优秀班主任是这样规划自己的时间的，他将班级工作分为三类：一类是必须由学生自己去完成的，如班级卫生、纪律、作业等的监督检查工作；一类是班主任、学生都可以做的，交给学生去做，班主任加以指导，如班级下设的各个岗位及其职责履行；还有一类则是班主任必须做的，如班级发展规划、班级文化建设、与每个学生的谈心或交流等。班主任将自己从大量的班级事务性工作中解放出来，不仅提高了工作效率，还给学生提供了大量锻炼的机会，取得了事半功倍的效果。

总之，时间对待每个人都是公平的，不一样的时间意识和时间管理决定了不一样的教育人生。为此，班主任应善于做时间的主人，将班级管理作为一门科学，认真研究教育管理规律，努力成为班级管理的专家里手，在班主任工作岗位上，演绎出精彩的教育人生。

（齐学红 / 南京师范大学道德教育研究所教授、班主任研究中心主任，

江苏省教育学会班主任专业委员会理事长）

班级文化建设不知从何入手，怎么办？

新学期，学校倡导老师们开展班级文化建设。虽然我对班级文化建设这个概念不陌生，但是具体思考如何在班级里开展文化建设时，似乎又不知从何入手，因为觉得涉及的面太多，如教室布置，板报、墙报，制度规范，班风学风，等等。现请大家帮忙指导。

——北京·李丽

一、从班级显性文化建设入手

（一）取名制徽，悟静致远

班级文化就像一首乐曲，谱写了学生成长的足迹；班级文化就像一阵绵绵细雨，滋养了学生的心灵；班级文化就像一把金钥匙，开启了学生的心扉。我深知，班级文化建设对学生的思想引领、健康成长起着举足轻重的作用。因此，在班集体建设中，我与学生共同创造了适合自己的班级文化，用文化来塑造我们的心灵乐园。而首先做的便是带领学生给班级命名和制作班徽。

在学校的长廊上，你会发现每间教室的门口都挂着一个班级名片，名片上写着班名、班主任寄语、班级宣言、课程表以及"全家福"照片等。这是学校文化建设的一道风景线，更是引领学生成长的风向标。学校每年都会更新班级名片，为学生的心灵注入新的血液。今年，我要让学生为班级取一个怎样的名字，作为本学年的思想引领呢？为此，我召开了一个主题班会，让每名学生给班级取个名字，并说出理由。

班会上，我们班的"阅读大王"佳俊率先站起来，大声说道："我们就叫'致远六（2）'班吧！"大家齐声问："为什么？有什么含义吗？"佳俊不慌不忙地解释道："诸葛亮曾经说过：'非淡泊无以明志，非宁静无以致远。'我觉得一个人想走得远、飞得高，必须内心宁静，静心思考，静心做事。"我称赞道："不愧是我们班的'阅读大王'，都能借用古文取名了。"接着，一名女生说道："这个名字很适合我们班，因为我们班同学比较活跃。读书时，总会伴随着嘈杂的声音，正好用这个名字提醒大家'宁静才能致远'。"

听完二人的解说，学生们窃窃私语，似乎都赞同这个名字。于是，我让大家举手表决，果真大部分学生举手赞成。一蹴而就，我们将班级命名为"致远六（2）"班。班名既出，便要对其进行更深入的解读和诠释，以便让学生们言行一致，给班名真正赋予文化内涵。因此，我想到了制作班徽，让班级的班规、通知、公告、奖状、表扬信、手抄报上都盖上班徽的图章，让学生随处可见"致远"二字，达到时刻提醒自己要做到"宁静以致远"的目的。于是我提出了请学生们设计制作班徽的想法，并要求要体现我们的班名内涵。

下一周班会时，学生们带来的设计作品着实令我大吃一惊——他们设计的LOGO不仅制作得很漂亮，而且还很有创意，并注明了设计意图。全班师生商讨后决定以投票的方式进行表决，并最终选定敏帧的设计方案（见下图）。

这款班徽设计方案简洁大方，色彩鲜明，富有动感，整体上看是一个圆形，蕴意为"没有规矩不成方圆"，里面由两条橄榄枝环绕着，代表六（2）班34名学生和睦相处、团结一致、勇往直前的精神；中间是数字"六2"，好似一个运动员，寓意为"我运动，我健康，我快乐"。运动员的头部，象征着我校的特色球——乒乓球。在数字"六2"的左右两侧注有本班班名"致远"，警醒学生要"宁静以致远"。班徽的基本色调是红、蓝、绿。红色，代表学生是一群活泼开朗的孩子，对世界充满着爱；蓝色，象征着学生纯洁无瑕，心存致远；绿色，代表学生珍惜生命，热爱生命。图案的下方是一片蓝色的海洋，蕴意为我班班训："学习像海洋一样，学无止境。"

历经两次班会，我们班终于拥有了自己的班名和班徽。虽然在讨论与制作过程中，大家有过争执与分歧，但在看到最终成品时，每个人脸上都洋溢着幸福的笑容。同时，学生们也初步明白了"宁静以致远"的道理，我们将把这句话作为班级文化的核心理念，继续践行。

（陈丽云／福建省龙岩市小池中心小学）

（二）"四化"并举，打造和谐教室

教室既是实施教育教学的主要场所，也是开展班级文化建设的第一阵地。因此，班主任要带领学生一起把一切和教室有关的要素合理配置，优化教室环境，打造和谐教室，让学生身心愉悦地学习、生活，发展自我。

1.美化教室

优美的教室环境，离不开一系列的美化工作。

第一，悬挂书画作品。书画艺术是中国传统文化的重要载体，蕴含着深厚的文化基因。在教室里悬挂书画作品，可以营造教室的文化氛围，让学生受到传统文化的熏陶。我请学校擅长书画的教师、学生以及学生家长来创作或提供书画作品，然后精心装裱，选择适当的位置悬挂起来。这样做，一方面可以节省开支；另一方面也可以展示师生和家长的特长，增强教师的亲和力。书画作品每学期更换一次，替换下来的作品将作为奖品，奖励给本学期出全勤的学生。学生们很喜欢这种奖励方式，有的学生还把书画作品带回家挂在客厅里，自然地实现了美育活动从教室到家庭的延伸。

第二，精选名人名言宣传画。对名人名言的选择要做到古今结合、中外结合。学生们经常品读名人名言，在不经意间就能受到某种启迪，形成个人感悟。

第三，悬挂钟表。我们班教室前方挂有一块石英钟，意在提醒学生珍惜时间，提高学习效率，同时也杜绝了学生以看时间为由带手机的现象。

第四，张贴地图。我带过的班级，教室后墙上有一处风景是永恒的—— 一幅中国地图和一幅世界地图，并在地图上方醒目地写着"胸怀祖国，放眼全球"。这样不仅可以普及地理知识，也可以调节学生的情绪。我告诉学生，当你们在压抑、烦躁之时，请站在地图前面，以我们的城市为起点，任意选择一个方向并一直看下去，你就会被地图丰富的色彩、密集的交通网络、多变的河流水系所吸引，就会发现祖国之美、世界之大，从而使得心中的烦恼不悦烟消云散，视野也会越来越开阔，胸怀也会越来越宽广。我还常常建议学生，在阅读过程中只要出现地名，马上在地图上找找，说不定那些陌生的地名会变成形象具体的地理空间。

2.绿化教室

绿色，给人以清新柔和之感。所以，教室离不开绿色植物的装点。在教室中养一些绿色植物，如观叶类的文竹、吊兰、非洲茉莉、鹅掌木等，不仅可以净化空气，隔音消尘，维护教室的生态，还可以消除师生的视觉疲劳，缓解精神压力，给教室以无限的生机和活力。根据我近年来的实践经验，可以把花草分给学生来养护，开展"比比看谁养得好"活动。因为养绿、赏绿的过程，不仅能陶冶学生的情操，提高学生的审美情趣，还能使学生获得劳动的成就感。

3.优化教室

第一，建立图书角。书籍由师生自愿提供，每人至少一本；派专人管理，对学生的借阅情况按周、月、学期进行统计，统计结果作为班级读书人物评选的依据之一。另外，围绕图书角开展班级读书活动，建设书香班级，提升班级文化品位。

第二，充分利用多媒体设备，开展音画欣赏活动。利用上午课间操和下午课外活动时间，播放新闻、音乐、Flash 动画、短片、相声等，以活跃教室的文化氛围。

第三，合理编排学生的座位。担任班主任工作多年，我始终有一个原则——座位面前人人平等。具体做法是：每周分前后左右两次调换位置，科学安排，打破"终身制"、"男女搭配制"，最大限度地满足每一个学生的需要。这样一来，不但拓宽了学生间交流的渠道，而且增进了学生间的了解，班级的凝聚力也得以增强。

第四，设立百宝箱。百宝箱中备有针线包、订书机、棒棒胶、削笔刀、创可贴、螺丝刀等，以备不时之需。

第五，开展室内文体活动。活动种类丰富多彩，如五子棋、跳棋、象棋等，又如邮票、摄影、书画、优秀作业展览，以及辩论、演讲等，让教室这方小天地更有力度和厚度，成为学生提升思想、涵养心灵的港湾。

4.净化教室

干净整齐，是任何一间教室应具备的起码标准。为保证教室整洁，我在班级推行了值日生和卫生承包制相结合的办法。值日生负责常规的卫生清洁工作，而卫生承包制则依据就近原则，把一些卫生死角承包给个人，然后进行不定期检查。例如，坐在讲台边的学生要随时搞好讲台卫生；坐在窗户边的学生要保持窗台无杂物、玻璃无脏痕，并负责开窗通风换气；坐在卫生工具旁边的学生有义务随时整理和监督值日生摆放好卫生工具；坐在教室电灯开关边的学生，要根据光线情况随时开关灯，节约用电，做到节能减排；每个学生的桌凳由自己负责保养维护。这样一来，不但培养了学生的责任心，也使教室环境大为改观。

与此同时，我要求教室里不设垃圾桶，垃圾由学生自己收集，利用课间投放到学校指定的垃圾收集点。这在一定程度上控制了学生吃零食现象，也有助于保持教室卫生。我还设立了"班级贴吧"，集中张贴各种材料、表格、通知等，防止乱贴乱挂，以保持教室的整洁。

通过美化、绿化、优化、净化，一个环境优美、格调高雅、绿色健康、和谐统一，且富有人文气息的教室便展现在师生面前，真正成为学生喜爱的场所、求知的天堂、成长的乐园。

（辛治国/甘肃省临夏中学）

（三）让墙壁会说话

提起班级墙壁，可谓我们班班级文化建设的一大亮点。那是我精心打造的一片交流平台，包括"班务播报"、"老师心语"、"学生园地"等板块，内容丰富，形式新颖，真正做到让墙壁会说话，时时刻刻给学生以教育、感染，激发学生参与班级文化建设的积极性，使得学生的自主教育渐入佳境。

班务班情及时播报。除学校统一要求张贴的"三表"外，我还设置了"每月五星"栏目，包括"文明之星"、"守纪之星"、"勤奋之星"、"进步之星"、"劳动之星"，并在旁边附上评选标准和学生每月表现积分表。公开这样一个评价的动态性过程，是要让学生时刻对照标准做自我检查，从多个角度评价督促学生的成长，既是一种警示，也是一种鼓励；同时努力做到公正、公平、民主、透明，培养学生的民主意识。学校或班级的一些其他活动通知、评选结果、惩处规定，以及社会热点、时事新闻、典型人物等材料也都张贴于此，从而使学生见多识广，增强对班级、家乡、国家的主人翁意识。

教师心语真心表达。通过多年的教育实践，我意识到，身边的平民典型比电视上的英雄事迹要来得更真实、更能打动人。于是，我抓住学生中的典型事迹、典型人物，撰写一些表扬稿，并用粉纸打印出来，张贴在墙上。比如，我写过《由小明同学修椅子引发的感想》《夸夸我们班的两个女孩子》《家长会上的所见所闻和所想》等文章。由于大家都习惯了学生习作老师看，没想到老师竟也写出感想给他们看，所以学生们都很感兴趣。每篇文章"发表"后，都能引来大批"读者"围看。学生们阅读、评价、体会、感悟，从中感受文字的力量，感受老师的真诚，汲取榜样的力量。如在《由小明同学修椅子引发的感想》一文中，我是这样写的：

> 昨天中午，小明同学冒雨去把自己椅子上掉下的两根横杆焊接好了。这样，椅子又恢复了"健康"。回来后，他很开心地告诉我只花了4元钱。我猜他为何那么开心，或许是费用远远低于预期，或许是他"救了椅子一命"，很有成就感吧。
>
> 他对公物负责的精神值得我们每一个人学习。同时我也想到，椅子出毛病了就如同我们人身上的缺点，小毛病及早修正，付出的代价只有一点点；如果不及时修理，等到报废的时候，那就要付出千倍万倍的代价了。

学生情感倾心交流。有些时候，学生或碍于面子，或不善表达，或缺少机会，都不愿或无法轻易表达自己内心真实的想法。这给学生们的日常交流带来了束缚。于是，我设立了"学生园地"板块。例如，大明将捡到的50元钱还给了失主小阳。我得知此事后，抓住契机顺势引导，让小阳写了一封感谢信给拾金不昧的大明。几经修改后，小阳的感谢信发表在"学生园地"里，这让一向讨厌写作的小阳很受鼓舞，从而懂得了什么叫有感而发，也让一向默默无闻的大明得到了大家的关注和掌声。又如，小凡和小菲参加完学校的国旗下演讲后，我利用班会课时间让其他学生给她俩的表现做评价并打分，学生们兴致高涨，分别从体态、表情、音量、节奏等方面进行了评价。我又让班长计算出她们的综合得分，并摘录了学生的评价，然后公布出来，既给参赛的两名学生以指导，又让其他学生在点评过程中得到提升。像这样的例子还有很多。在这类活动中，学生自然而然地会关注自己与他人的言行举止，更容易形成自我审视和自我教育的心理磁场。

此外，我还引导学生写开学初的展望、单元测验后的反思、新年心愿等，经筛选后张贴出来。看见自己的作品上墙，学生们很受鼓舞；看见同学的作品上墙，大家很受感染。

班级文化墙的打造，使一股正能量在传递弘扬，班风得到了很好的净化，学风得到了明显的提升，学生的精神面貌积极向上，班级和个人发展进入良性互动、循环上升。一个学期下来，我们班多次荣获"文明班级"

称号，学生学业成绩在年级名列前茅，后进生小浩、小林的进步也非常明显。学生小丽在日记中写道："我们班教室的墙壁很有吸引力，课余时间总有一群同学围观，即使是老师不在的时候，她也在悄悄提醒着我们应该怎样做一名合格的中学生。连那些调皮大王都变得文明、安静了许多。"

其实，要让墙壁会说话，还应注意以下几点。

第一，真实真诚。无论是教师的文章还是学生的作品，不一定需要多高的文采或多华丽的辞藻，但一定要做到真实真诚、有感而发，杜绝无病呻吟。

第二，及时更新。要经常深入班级，抓住契机，并组织班干部细心观察，收集材料，定期更新，及时反馈，让学生感受到老师时刻在关注着他们。

第三，正面宣传。班级发生负面事件在所难免，处理时应该选择合适的时间和场所，单独交流，耐心教育。班级园地里应多宣扬一些正面的典型和事迹，千万不能有"批斗"、"打击"的成分，毕竟教育的初衷是唤醒而不是打压。

第四，精心打理。版面的设计、色彩的搭配、材料的选择，无不浸透着我们师生的心血。精心地安排、耐心地点拨、悉心地呵护，虽然辛苦，却苦中有乐，苦有所得。

（胡迎兰／江苏省高邮经济开发区中学）

（四）办好班级黑板报，营造健康班级文化

丰富的班级文化、正确的舆论导向、浓厚的学习氛围，主要依靠宣传引导，而班级黑板报正是营造这种环境氛围的主阵地。

笔者认为，良好的班级黑板报，不仅能弥补课堂教学的不足，还能消除学习带来的紧张与疲劳，为学生增添学习乐趣，拓展视野，增进相互间的交流。更为重要的是，黑板报从准备到出版，需要学生平时在博览群书与收集整理资料上有所积累，从而养成平时动手又动脑的阅读习惯；同时，也锻炼学生的写作能力、空间设计能力、绘画能力、文字的设计书写能力，从而提高学习兴趣，增长文化知识，开阔视野，增进友谊。所以，品质优

良的黑板报有利于学生身心素养的全面提高。

1.班级黑板报的栏目设置及其内容安排

制作有品位、质量高的黑板报，要求学生从自身实际出发，选择喜闻乐见、积极健康、催人向上、令人回味深思的板报内容。总之，要切合学生身心发展特点和求知需要，紧密结合学生的学习与生活实际，反映学生的心声。

开始时，可以先固定栏目，按要求"填空"，如：

"一句话新闻"。此栏目要求学生针对自己的生活实际，及时、准确地报道校内外发生的一些具有教育意义（或令人深思）的事件。其目的在于引导学生关注社会、关注生活，观察、体验、辨别生活中的是非、美丑、善恶。

"知识窗"。以介绍生活中的一些小常识、小窍门为主，让学生在学习课堂知识的同时，领悟生活中的窍门，感受书本知识与实际生活的联系，扩大知识视野，了解未知领域，学会探索与发现。

"说说议议"。主要是探讨或交流个人在学习上的体会。学习是学生生活的主旋律，学习效率的提高取决于学生自主学习能力的培养。学生学会掌握知识的方法才能主动学习，通过学习方法的探讨交流，可以提高班级整体学习水平。

"考考你"。主要编辑一些脑筋急转弯、妙趣问答、智力测验等益智增趣的内容，从而让每个学生的头脑动起来，活起来，增长智慧，寓教于乐，寓学于乐。通过你问我答式的相互交流与互动，增进同学之间的友谊。

"让你乐"。选择学生生活中的小笑话、小幽默，来陶冶学生的情趣，丰富学生的精神生活，给紧张的学习带来一丝轻松与快乐。

"历史小故事"。选择一些历史人物勤奋好学、刻苦成才的经历或成语典故，以提高学生的思想品位和文化修养，从而达到让学生美化心灵、净化思想、端正学习态度、树立远大理想的目的。

"班级论坛"。针对近期生活中发生的焦点事件，发表个人感受、体会与见解。广开言路，让学生各抒己见，畅所欲言，从学生自身角度来褒扬真善美，鞭挞假恶丑，以提高学生的鉴别能力，培养学生的审美观。

"我的座右铭"。精选格调高雅、含义深邃、催人向上、警醒至深的格言、警句、古诗文名句，以激发学生的进取心，陶冶高尚的情操，从而树立正确的人生观、价值观。所选用的座右铭不宜过长，一般不超过 50 字；同时，应多鼓励学生自己撰写座右铭，并大力推广。

"剪贴栏"。学生把平时阅读的经典或喜爱的文段、图片剪切后进行张贴。最好选取能够配合各科学习或有助于陶冶性情的内容，可以图文并茂，也可以配上心得体会一起张贴。如果能够引起争论的话，还可以引导学生共同探讨，以达到相互交流、共同提高的效果。

"表扬与批评"。从班级实际出发，从自身角度去品评人和事，表达个人的爱憎情感，褒贬是非美丑，弘扬正气，倡导文明新风。让每个学生都能以此为鉴，及时改进自己的缺点与不足。

除此之外，还可以开设其他一些栏目，至于栏目的选择与开设，应依据班级具体情况和黑板报内容的需要，灵活机动进行。

2. 班级黑板报的编辑及办报方式

为了充分利用班级黑板报这块宣传阵地，形成"人人参与，人人动手"的良好局面，班主任应要求全班每个学生都能把黑板报当成自己的"责任田"，用心去播种、去呵护、去收获。因此，在班级黑板报的编辑出版上，要将全班学生按照不同的文化层次与能力水平划分为若干小组，确定小组成员分工，明确各自的职责。在此基础上，每组创办一期，周期为一周左右。这样周而复始，形成有序的良性竞争。

一学期里，每个小组大约承担两至三次黑板报出版任务，每次更新要结合实际并及时反映班级学生的学习、生活动态，使学生始终处于积极向上、充满正能量的班级氛围之中。另外，在出版形式上，不只局限于用粉笔在黑板上写写画画，也可采用图文拼贴或手抄报的形式来完成。

3. 黑板报的检查与评定办法

为了鼓励学生认真做好黑板报工作，班主任应及时对每一期黑板报进行检查评定和归纳总结，并与全班学生一道欣赏，点评优劣得失，交流阅读感悟。否则，此项工作就会变得虎头蛇尾、有始无终，形成表面轰轰烈烈、实际形同虚设的局面。只有按计划开展活动，并不断进行检查与总结评比，才能达到激励先进、鞭策后进的效果，才能深入持久地开展出版活动，从而充分发挥黑板报的教育功能。

评定时，可由班主任与学生共同组成评议小组，评议小组成员从每个黑板报编辑小组中产生；班主任及时组织评议，对每期黑板报进行综合评议打分。每期一评，学期结束时再进行综合评议。通过评议，指出优劣所在，提出建议与要求，以达到鼓励学生积极参与，增进友谊，更加努力学习，不断提高自身素质的目的。

（王泽／江苏省泗洪县天岗湖中学）

二、从班级隐性文化建设入手

（一）我的班规我做主

唐代白居易曾说："仁圣之本，在乎制度而已。"同理，个人的成长、班级的良好运转也离不开班规的约束和保障。

我接手的高一（6）班，这是一个新组建的理科班，学生来自年级27个班，绝大多数相互不熟悉（注：我校是在高一下学期进行文理科分班）。因此，建班伊始，我就和学生开始探讨研究班级制度文化的建设事宜，并制定了各种班级管理章程，为班级营造了良好的制度文化环境。

在我看来，制定班规首先要弄清楚以下问题：班级是谁的班级？班规是谁的班规？班规由谁来制定，如何产生和修订，并与学生的评价机制相结合？理清这些问题，再去制定和落实班规就水到渠成了。

第一步，广泛宣传，明确班规的重要性。由于学生比较习惯由老师来制定班规，所以要点燃学生制定班规的热情。首先，我在课下与多名学生进行沟通，了解他们的真实想法。其次，我在班上郑重说明班规的重要性，让学生从思想上重视、接受班规。这既对学生进行了民主思想的启蒙教育，也让学生明白班规是集体的意志和智慧的结晶，是形成优秀班集体的制度保证。

第二步，群策群力，制定符合班情的班规。班规作为一项制度，是用来规范学生行为、为学生的学习、生活保驾护航的。因此，班规的制定要集思广益，符合学生的年龄和心理特点，充分尊重学生，这样制定出来的班规学生才会乐于接受，才有利于学生行为习惯的自我塑造和良好道德素养的自主养成。

为此，在周五放学之前，我给每个学生发了一张"我的班规我制定"倡议书，要求学生周末完成。倡议书内容如下。

亲爱的同学们：

开学虽然只有短短的一周，但是在学习上，我看到了你们求知的欲望；在行为上，我看到了你们对自己的严格要求。作为你们的班主任，我很欣慰，更是庆幸。有你们在，我的工作将会充满乐趣。我愿意和你们一起，走过高中三年，哪怕风雨兼程。让每个人都能够顺利起航，让每个人都能够学有所成，这是我的愿望。所以，为了这个共同的目标，我们需要一个制度来为我们的学习、生活保驾护航。

接下来，请大家认真阅读班规制定要求，认真思考，然后填写表格（见197页）。你的每一条建议都是使6班成为优秀班集体的保证。

[班规制定要求]

1.代表性。代表大多数学生的意见。

2.广泛性。内容尽量广泛，囊括今后可能发生的违纪现象。

3.可操作性。班规条文是对行为的约束，不是对学生进行思想道德教育。

4.弹性。违反班规要具体问题具体分析，比如生病、没赶上校车……因此，对这些情况要限制，如每月迟到次数不能超过2次，等等。

5.公平性。班规面前，人人平等。

[违反班规处理条例的制定原则]

没有惩戒的教育是不完整的教育，违纪就要为自己的行为负责。具体要求如下。

1.不泄私愤，不搞报复，不进行人身攻击。

2.不以权谋私。

3.惩戒处理要合理。

4.惩戒是为了更好地进步。

5.惩戒形式要多样化。

班级规则		奖惩规则	
		奖励细则	惩戒细则
学习	课堂		
	晚修		
生活	仪容仪表		
	宿舍卫生纪律		
卫生	教室卫生		
两操	课间操		
	眼操		
	集会		

周日返校时，我收齐学生的班规建议，从学习、生活、卫生等方面进行分类汇总，打印后发给学生。学生独自细读，对有异议的条例做出标注，由组长整合小组建议后提交上来，再由我将各小组的修改意见做成 PPT 向全班学生展示，最终大家举手表决，根据票数多少来决定。在这个过程中，班主任不是撒手不管，而是要对通过的班规做最后的定夺。一旦班规得以通过，就成为班级所有学生的意向，这样才有条件顺利执行下去。

第三步，积极组织，全面深入学习班规。班规涉及的内容比较多，要让班规在所有学生心里生根发芽，外化为实际行动，就需要组织学生及时学习。于是，我从学生的年龄特点着手，灵活运用了一些生动新颖的形式，调动起学生学习班规的积极性。我班男女生比例将近 3∶1，且男生性格比较外向，女生比较内敛。为了发挥男生性格开朗的优势，来充分调动女生的积极性，我和班委商讨后，决定采取学生表演的方式：全班分成 4 组，即学习组、生活组、卫生组、两操组，12 个女生平均分配到每个小组；4 个小组分别以"学习"、"生活"、"卫生"、"两操"为主题，表演人员和形式自定，时间为 10 分钟。

这种小组表演班规的形式，既加深了学生间的了解，又锻炼了学生的组织和表达能力，而且对班规内容进行了诙谐而又合理的诠释，让学生在轻松的表演和欣赏中，较好地学习班规，并留下深刻印象。

第四步，全体动员，不断修订完善班规。班级是不断发展的，所以班规也不能一成不变，必须根据实际情况及时修订。当然，班规的修订不是随随便便由班主任一人决定，必须有严格的程序，方能保证其权威性。比如，在"宿舍卫生纪律"一栏，其中有一条班规最初是这样规定的："宿舍得分低于 98 分的，按照学校标准对值日生进行扣分，多次被扣分的同学，须写下 800 字以上的说明，并在教室内做卫生一周。"

"多次扣分"是什么概念？两次还是三次？这里并没有明确指出。所以在实施过程中，班委很难对违规的学生实行惩罚。因此，有必要对这条班规进行修改。修改过程是：先由班委开会，集体商议；表决通过后，在班会上提出修改意见；超过半数以上学生同意，此条班规修订才算成功。

班规修订落实后，每个学生在学习生活中就有了约束自己言行的准则规范，就能让自己的发展既符合班级群体利益，又符合教育培养目标。在第一个月的班级量化考核中，我班以总分第一的成绩获得了当月"文明班级"荣誉称号。这不但激发了学生参与班级管理的热情，也为班级日后各项工作的开展做好了铺垫。

（吴静　陈勇 / 广东省深圳市光明新区高级中学）

（二）阅读点亮人生——班级文化建设之海量阅读

在我的班级，有一种观念深入人心——阅读是一种风尚，更是一种美德。这也是我们班级文化的特色。学生热爱阅读，喜欢写作，人年均阅读量在 50 本书以上，最多的达到 70 多本书；人年均写作量超过 30 篇，两年来在全国各地的报刊上，如《北京青年报》《北京晚报》《南方周末》《新民晚报》《全国优秀作文选》等，发表文章70多篇。

那么这种班级文化特色是如何形成的？最为重要的有三点。首先，我认识到阅读对学生的重要意义，阅读可以点亮人生。其次，我是语文老师，阅读和写作是我的专长。再次，从开学第一天起，我就告诉学生阅读的意义，并把我的做法一直坚持下去，直到他们毕业。

具体而言，做好海量阅读工作，可以用三个短语来概括：三年规划、四个阶段、十项措施。

1. 海量阅读之统筹规划

我根据初中生的特点，把初中三年的海量阅读规划为四个阶段，然后根据不同阶段的特点进行不同引导。

第一个阶段：让学生喜欢上阅读。通过观察了解，我发现初一学生中有一小部分人非常喜欢阅读，还有一小部分人特别不爱阅读，其余大部分人偶尔阅读，但尚未养成阅读习惯。所以在这一阶段，要让大部分孩子喜欢上阅读。为此，教师要努力让学生体会到阅读的意义，感受到阅读的乐趣，激发阅读的兴趣。不要推荐书目，更不要限制学生的阅读范围，而是让学生根据自己的爱好进行阅读，只要是积极健康的书籍都可以读，教师都要给予鼓励。这一阶段主要是初一上学期。

第二个阶段：引导学生开展阅读。在学生喜欢读书的基础上，推荐一些适合学生目前阅读的书，引导学生有意识地选择一些好书来读。这些书涵盖文学、军事、历史等方面，也包括一些报刊。在此过程中，要注意书籍的生动性、趣味性，保护学生们初步建立起来的阅读兴趣。这一阶段主要为初一下学期。

第三个阶段：必读和选读相结合。这一阶段，就应要求学生必读某些书，不再仅凭兴趣和爱好进行阅读；要多方面阅读，让学生的阅读面更加广阔，真正达到"海量"阅读的初步效果。这一阶段主要贯穿整个初二年级。

第四个阶段：增加学生必读书目。这是初三阶段的重点工作。初三面临中考压力，学生没有充裕的时间大量阅读，所以这时应适当缩减阅读量，根据课标要求，增加必读书目，让阅读更有针对性。这样做也是为了让学生和家长更加支持学校的阅读要求。

这四个阶段是一个由感性阅读逐渐走向理性阅读的过程。

2.海量阅读之配套措施

为了激发学生阅读的兴趣，我实施了十项系列配套措施。

第一项，固定读书时间。每周有一节语文课是专门的读书课，老师什么都不讲，就是让学生安静地阅读。这给学生的阅读提供了基本保障。

第二项，进行"海量阅读之星"评选。每月一次，根据本月的读书情况评选出月度之星2人，让优秀者成为榜样，引领更多学生喜爱阅读。从初一到现在，共有24人次当选"海量阅读之星"，超过班级人数的一半。

第三项，开展海量阅读小讲堂。每月的"海量阅读之星"要在班会上进行读书交流，或介绍自己的读书情况、读书心得，或针对某一作品进行深入解读。到目前为止，我们班评出了24人次的"海量阅读之星"，也开展了24次海量阅读小讲堂。

第四项，规范海量阅读笔记。为了使海量阅读更有效果，我要求学生把阅读、积累和思考相结合，所以便有了海量阅读笔记的做法。从初二开始，学生有一个专门的海量阅读笔记本，每读完一本书要完成一篇笔记，且每周要完成一篇笔记。笔记对字数不做过多要求，但须包括以下几部分：书名、作者、阅读日期、摘抄积累、思考感悟。到现在，笔记最多的学生已积累下70多篇海量阅读笔记，这成为他们阅读的宝贵财富。

第五项，开展每周读报活动。每周，我会利用一个晨检时间给学生读一条近期的热点新闻，并提出问题让学生思考讨论，最后由我进行总结。目的是引导学生关注时事，关心社会，培养学生的公民意识和思考的习惯。阅读，就要广泛地读、批判地读，而非读成书呆子。

第六项，开展全班共读一本书活动。要求学生在一段时间内阅读同一本书，然后进行小组讨论和全班交流。目的是形成班级读书交流的氛围。比如，初二上学期，我组织学生共读余秋雨的《山河之书》，初二下学期共读于丹的《于丹〈论语〉心得》。学生阅读同一本书，他们交流的话题会比较集中，非常有利于班级读书氛围的形成。

第七项，以书为礼。书是送给学生最好的礼物。每次海量阅读表彰时，我送给学生的奖品都是书；每次新年联欢会，我们班给学生的礼品也都是书。如2014年新年联欢会，我送给学生的书就包括《目送》《第二次世界大战史》《世说新语》《改变世界的100幅地图》《变形记》等十余种。这些书的所有权归学生个人，但阅读权归全班学生。书就放在班里的图书角，班里学生可以随时借阅。

第八项，以写促读。把周记纳入海量阅读的范畴，鼓励学生多写。学生隔周会写一篇周记，同时隔周也会利用一节专门的课时交流优秀周记。我在点评时，会去发现周记的亮点而非缺点，让学生体会成功的快乐，激发阅读和写作的兴趣。每学期，我还会把学生优秀作品集结成册，用班费印刷出来发给每个学生。

第九项鼓励学生投稿。对于学生周记、作文中的优秀作品，我会指导他们进行修改，帮助他们给合适的刊物投稿。对于学生来说，看到自己的作品发表了，是一件非常鼓舞人心的事。这种鼓舞远大于任何言语上的表扬，让学生充满了阅读的动力。

第十项，抓住契机，营造氛围。在对学生进行海量阅读的指导过程中，也需要抓住契机。一次阅读课前，一个学生在他们小组的黑板上写下"阅读、悦读、越读"。我抓住这个机会，在下课前让该学生给大家解释一下其中的寓意，并给予肯定。结果下次上课前，所有小组都在黑板上写下他们的读书格言或者读书感受。如今，这已成为班级的一种常态。

正是由于既有总体规划，又有细节深入，我才得以在班级中营造出良好的书香氛围。在这种氛围的浸淫下，学生的阅读兴趣得到极大提升，阅读习惯得到很好养成。长期坚持下来，阅读在班里便成为一种风尚，更有一种观念逐渐深入人心——阅读是一种美德。

（江武金／北京市第一七一中学）

（三）以武养德，文治武功——"武"文化的实践与探索

近些年，我校提出"以人为本，幸福人生"的办学理念，并以民族传统体育文化——武术为载体，开展学校文化建设。我所带的五（1）班共有学生 37 人，其中男生 24 人，女生 13 人，97% 的人为来京务工人员子女。基于学生活泼好动、吃苦耐劳、热爱武术的优势，我将班级文化确定为"武文化"，并开展了"以武养德，文治武功"——班级"武文化"建设的实践与探索。

1.精神引领，让班级精神凝聚人

班级精神文化的提炼与完善是一个循序渐进的过程，为了让学生了解、认同并践行班级文化，我引导学生共同参与其中。

（1）搜索榜样，寻求共同特质

[搜索榜样]

谈到武术，学生首先想到的就是电影中的武术明星。这些武术明星对学生有着巨大吸引力，他们的一言一行也在潜移默化地影响着孩子们。为此，我在班级中开展了"我心中的明星"大搜索活动。在活动中，学生们通过各种渠道进行搜索，查找自己心目中的明星榜样，如李小龙、成龙、李连杰、甄子丹等明星；另外，像岳飞、郑成功等古代民族英雄也榜上有名。同时，班内的武术小明星——昀楷、亚鹏、小宁、朝凯等人也得到了学生们的肯定。

[解读榜样]

为了让学生们看到武术明星荧幕背后的真实生活与高尚武德，我在班中开展了"解读榜样"活动。在活动中，我们通过电影、故事等方式，进一步了解学生们查找的武术明星榜样的故事，尤其是他们在各类公益事业上的作为。例如，明星们在北京奥运会、汶川地震、雅安地震等重大事件中的表现，以及班内明星在平时学校生活中的表现。

[深化榜样]

学生们了解了明星榜样的行为之后，我提出一个问题让大家思考：为什么你对这些明星榜样的名字和事迹印象这么深刻？学生们各抒己见，议论纷纷。最终，大家一致认为，这些榜样之所以被人推崇，不仅是因为他们有高超的武艺，更重要的是他们具有高尚的武德。

(2) 提出武文化，引导学生认同

班级文化建设初期，一定要营造良好的氛围，让学生在一个积极的氛围中耳濡目染，沉浸其中，潜移默化地认识、了解我们所倡导的文化。为此，我班开展了"电影解析"、"我心中的大明星"、"我谈武德"等活动，让学生初步感知班级文化。在此基础上，我让学生们畅谈对武术的理解和对班级的希望，学生们纷纷发表自己的看法。这实际上是让学生寻找武术与班级文化建设结合点的过程，同时也是统一认识的过程。

班级文化建设的过程既要有民主，更要有集中。学生们的意见集中上来后，我和班委会成员对材料进行分析、提炼以及重新修改，最终形成班级的精神文化。其中，班名为"文武中队"。班级理念为"习武、明德、促行"。班级口号为"强身健体，以武正人"。班训为"文武融合，内外兼修"。班徽，见下图。此外，我们还共同制定了班级目标与班级武德公约。

[班级目标]

以武术校本课程为引领，深入挖掘"武"文化中的礼仪文化、武德文化、健身文化的内涵，发挥育人功能，从而达到锻炼身体、磨炼意志、培养习惯的目标，使每名队员都能均衡发展，成为"五福"（健康是福、开心是福、习德是福、才高是福、家和是福）少年。

[班级武德公约]

助人为乐，用一颗善良之心去帮助每一个有困难的人。

对于犯错误的队员，不能嘲笑、排斥，要有一颗包容、理解之心。

对所有有生命的事物要爱护、关心、帮助。

讲文明，有礼貌，尊敬师长，团结队员。

处理事情时要谨慎，要全方位地思考，确保周全。

诚实守信，以诚待人，以信取人，言而有信。

自强不息，匡扶正义。

积极进取，树立明确的理想目标。

2. 丰富活动，深化"武"文化建设

(1) "武"进课程，"武"出品德

"未曾学艺先学礼，未曾习武先习德。"武术追求的最高境界不是单纯的胜负，而是中国儒家学说的"致中和"精神。课堂上，我们采用"武术杂谈—武术家的故事—跟我学武术—游戏"的形式组织教材内容，与武术老师分工合作。武术老师重点在传授武术技艺，其他学科老师在授课过程中渗透武德。这样不仅让学生能够掌握基本的武术基础和一些武术套路的基本动作，更在学习武术的过程中接受武术文化的熏陶，受到武德教育。

(2) "武"进课间，"武"出健康

武术是学校体育教学的重要内容，学校注重将武术校本课程资源和体育大课间有机整合起来，突出特色，内容多样，形式创新。每天早晨，可以看见学校武术队的队员训练时生龙活虎的飒爽英姿；大课间，可以看见全校各班学生进行普及性学习武术操的场景；兴趣活动课，可以感受专业老师带给我们武术那一招一式美的感受。

我们还经常邀请家长参与活动，使家长感受班级的"武"文化氛围，以便更好地支持班级的各项工作。

(3) "武"进管理，"武"出秩序

班级大小事务，种类繁多，我坚持一个原则：权力下放，学生的事学生自己做主。

以学校的评价课题为抓手，依托班级岗位认领，建立班级岗位责任制，实行岗位轮换制度，由班干部总负责，让每一个学生都能参与到班级管理中来。

[确定岗位]

通过集体讨论，班内 15 个岗位需要专人负责。分别是：壁报更换岗、卫生监督岗、节电岗、节水岗、小饭桌管理岗、废纸回收岗、绿植养护岗、门窗开关岗、黑板清洁岗、多媒体维护岗、图书管理岗、小鱼喂养岗、队员室内行为监督岗、队员室外行为监督岗、垃圾清理岗。

[制定职责]

学生们群策群力，制定岗位职责。

所有岗位的认领必须是自觉自愿的，且一定要根据自己的特长和兴趣爱好认领岗位。

一旦遇到多人认领同一岗位，首先要进行竞争演讲。

对于竞争落榜者，班委会可以为其协商调换。

一旦认领岗位，必须认真负责；一旦发现问题，班委会有权暂停其工作。

根据现有人员，特拟定每个岗位由两人承担（多媒体维护除外）；两人必须做到相互提醒，相互监督。

[竞聘岗位]

由班长主持召开竞聘会，通过激烈竞聘，最终 15 个岗位由学生分别认领。在制作岗位标识时，有学生提议每个岗位都以"侠"命名。如壁报更换侠、卫生监督侠、节电侠、节水侠等。我非常高兴，不仅是因为学生积极的态度，更重要的是通过对岗位名称的调换，我感受到"武文化"正在逐渐根植于学生心中。

[岗位调剂]

当我询问班长在竞聘岗位过程中是否出现问题时，班长神秘地说："您想会有什么问题呢？告诉您吧，咱们同学的积极性都高着呢！这个岗位没有竞聘成功，还没等我们进行调解，他们自己就又找到新的岗位了。看来，大家都是有备而来呀！"

在这个过程中，学生的潜能得到了最大限度的发挥。第二天竞聘小结时，我充分肯定学生们的积极态度，同时提醒他们一定要珍惜通过自己竞聘得到的岗位，积极负责地去开展工作。

[实施评价]

为了实施评价，我开展了"我当文状元，我当武状元"活动。活动步骤包括：制定班级"文状元"、"武状元"评比方案，根据方案自行申报，在班会上自荐演说，学生评价，班委会决议。我们以班会的形式，通过学生自己演说，学生集体评价，班委会决议的流程，产生了班级"文状元"、"武状元"，并由此产生参加学校"五福"少年评比的候选人。

总之，通过几年的建构，武德已经在班级中生根、发芽、结果，茁壮成长。班级文化的建构提高了班级的凝聚力，学生们积极向上的劲头儿更加强烈，同时也使我和我的班级在学习、实践的过程中不断地发现、改变、成长、进步。

（杨海林／北京市丰台区万柳园小学）

 共同营造被认同的班级文化

对班主任而言，着手和推进班级文化建设，是非常重要与明确的工作。从做班主任的第一天起，班级文化建设就应由班主任来做整体和细致的考虑。

对于在班级文化的整体建设方面暂时还缺少想法和思路的老师而言，先不必着急，也不必盲目地参考或效法别人的建设方案，因为在不同的年级、不同的班级——具体到不同的学生构成，班级文化建设应采取不同的方式和策略。

当一位新接班的班主任拿到学生名单时，最想知道的就是班里有哪些学生过去学习好、当过班干部、有特长、有活动或组织能力，进而构想整个班级的组织框架。而一旦这一组织框架形成了，班级的基本格局就会确定下来，并成为班级文化建设的重要基础。要知道，形成这样的组织架构尽管有一定的依据，如原有学校的介绍等档案性的材料，但也会形成误区或偏见，因为在中小学学习阶段，许多学生的潜力没有被充分发掘出来。如果班主任对学生的认识总受制于过去学校的判断，那对班级所有学生而言就是不公正、不客观的。

一个班级理想的班级文化，应该是班级中所有学生认同并参与的文化，而这样的文化也是有利于所有学生充分发展、个性化成长的文化，而不仅仅是流于表面的班级布置或装饰如何醒目、如何夺人眼球。所以，对教育工作本身而言，班主任要追求的班级文化建设的重要基础，首先应该是以学生为本、以激发学生的主人翁意识为主导的。基于这一基本点，班级文化建设才能真正抓住根本，并办出特色。由此可见，真正有价值的班级文化当是关注学生个体和群体一起成长的文化，而不只是物的或表面化的所谓文化。

（一）

为了从根本上使班级文化建设具有正确的导向，在班级组织框架的构成方面就不能完全依赖过去学校提供的信息，而应该通过班主任自己的调查、交流、感受、判断等，为每一个学生提供学习、体验、锻炼、为全班服务的机会，并随时给予支持和辅导。要使班级中的每一个学生都能感受到班级的温馨与力量，进而形成积极、健康的班级凝聚力与向心力。

以往很多中小学在班级文化建设方面，主要看重的是表面现象，致使每个班级的凝聚力或文化认同都基本处于模糊状态。判断一个班的班级文化建设水平，主要是看板报办得如何、教室布置是否美观、整个班级的文体特色等，若问到学生"什么是所在班的班级文化"，通常学生是答不出来的。因为多数学校在这方面缺少引导，甚至校长和班主任也缺少这方面的意识。

　　所谓的班级文化，应该是某个班级根据自己的人员构成、根据所有学生的共同理想建构成的比较明确的发展目标与最基本的价值追求。在中小学阶段，如果没有学校或班主任的正确引导和指点，一个班级的所有学生要明确本班的发展目标和价值追求是很难的，甚至是不可能的。但是，若班级文化的形成仅靠学校和班主任的主观意志，则形成的所谓班级文化就不可能与班级的学生构成和特点相吻合，也不能真正起到凝聚人心、形成归属感的作用。

　　由此可见，在一个班级的形成初期，要有一个对本班情况的充分认识和对班级发展展望的讨论交流过程，要使班级文化的确立过程有全班学生的充分讨论和参与，从而使形成的班级文化在班级中具有广泛的认同。经过如此过程形成的班级文化不仅是有个性、有特色、有群众基础的，其潜在的意义还在于这样的班级文化具有契约性、自律性和承诺的特点。一旦用文字表述的班级文化被确定，并向外公布，在班级中每一个学生的心里，就会自然地生成相应的责任、使命、荣誉等重要的意识，为生成更为具体、丰富的班级文化的表现形式奠定重要的思想基础。

　　前些年，我在四川的彭州中学，看到过该校每个班级门口的牌子上，都有用简练的文字表述的班级文化，且各班均有自己的表述特点和个性化内容。这让我很感慨，很钦佩该校的领导和班主任能将班级文化建设做得如此深入和到位。有了这样的班级文化，学生在其中的学习生活状态就会有明确的方向，在对待各种问题时，整个班级就容易心往一处想，劲往一处使，充满积极向上的活力。

　　不可否认，一个班级优秀文化的形成不是一蹴而就的，需要有一定的过程，需要给发展和完善以及因时因地的调整留有空间，也要通过班主任对每一个学生、对整个集体认识的不断深入进行积极的调整。因为由于学生构成的差异，新班级中的许多新元素和新问题会被发现和认识，学生中也会有意想不到的潜力和优势会被班主任意识到。而当一个班级的积极因素被充分发掘，消极因素被及时化解时，这个班级的文化建设就会走上正确的轨道。

（二）

一个班级的文化建设，除了包含精神层面的内容，也应包含制度、风气、个性、优势领域（如多数学生的特长、爱好）等多种构成元素。比如，多数学生的家庭背景，多数学生的学习习惯，有影响力的学生干部或课代表的能力、特长与性格等，都可能在班级文化建设中起重要作用。

从另外一个角度看，班级文化建设也需要积淀，需要过程。在这一过程中，班主任的引导和教育作用就会显得十分重要。就像下围棋排兵布阵一样，班主任要有推进班级文化建设的一系列构想和安排。比如，可以通过班级文化的讨论发现学生的特点与个性，积累相应的设想与计划；通过给学生干部和课代表等分配任务鼓励有想法的学生为班级服务，争取家长的帮助与支持，赢得学校的认可与扶持，让学生宣传和展示本班文化的特点等。经过一段时间的运作与积累，还要对班级发展状况进行评价或反思，肯定正确的方向与做法，调整进一步发展的策略，甚至还可以请科任老师、团队辅导员、其他班的学生与家长、学校领导等参与这些过程，通过综合诊断为班级的进一步发展找准出路。

在推进班级文化建设的过程中，班主任既要有精神和制度层面的规范与引领，也要有形式感的展示和习惯养成的训练。比如，一个班的学生是不是懂礼貌、是不是只懂读书不善做事、是不是唯唯诺诺身体虚弱的"小绵羊"、是不是有融入社会的能力等，都需要通过有效的教育和锻炼进行调整与培养。近年来，国内的许多中小学，结合学习传统文化与现代教育理念，开展了多种形式、行之有效的教育活动，而其真正的落脚点是要落在班级工作和班级建设中的。

从小学到高中，学生的整体特点是逐渐加强独立意识和独立精神，所以在班级文化建设方面，班主任也应该从直接指导逐渐退居幕后，将许多具体事情逐渐放开给学生自己做。让学生在自主实践、自我教育的过程中成长，在水到渠成的过程中自然形成良好的班级文化。在北京的一所国际学校——京西学校，我看到教学楼里的展板多是学生自己安排设计的，其中虽有学校的鼓励和教师的指点，但基本没有学校和教师意识的痕迹。由此形成的学校或班级文化，最能得到学生群体的认同，其教育的影响力也会大大提升。

在班级教室的有限范围内，应是班级文化成长的园地。教室的布置虽不必刻意标新立异，但与班级文化建设相关的探索确是有积极意义的。比如，北京市海淀区教师进修学校附属实验学校曾经探索过"未来教室"的设置，山东省杜郎口中学的教室设置更利于学生交流讨论和小组学习，《培格曼最新国际教师百科全书》中也介绍过多种因功能而变化的课桌摆放形式，其中所体现的教育理念和文化内涵都是值得借鉴的。

（三）

我们关注班级文化建设，初衷应该是关注教育的实效、关注每一个学生的充分与全面发展，而不应陷入为文化而文化的表面形式之中。相对于一所学校的文化建设，班级文化应更具特色、个性与活力，而不应仅是学校统一文化的缩小。

为此，从学校管理和班主任工作的角度，都应该充分认识班级文化建设的意义与价值，而不应仅在经验与案例方面照猫画虎地效法他人的经验。作为学校的校长或管理者，要特别注意尊重班主任根据本班情况设计班级文化建设的目标与想法，而不宜强行统一班级建设模式。

我们不否认在班级文化建设方面有共性的特点，但也必须意识到，在班主任工作的实际操作中，任何共性或规律性的认识都必须再还原成经验形态，才能真实地产生教育的影响与作用。为此，学校及教育管理部门，要给予班主任更多的自主权和自主探索空间，帮助和鼓励他们在自己班的班级文化建设中做出因班制宜的积极或创造性的探索，切不可把一所学校所有班级的文化建设统一化、模式化、简单化和教条化。

比如，在学习成绩普遍优秀的班，班级文化顺理成章地会倾向于知识的学习，并能得到学校、家长和教育部门的普遍认可。而在知识学习方面整体成绩欠佳的班级，学生们的自信、凝聚力、归属感、班级文化特色的形成等，似乎就没有了支撑。但是，若改变思路、给予空间，大多数班级文化建设就会另寻他途进行释放或展示。或是体育，或是艺术，或是劳动，或是展示，或是服务，或是社会交往……教育的作用都能借此发挥，学生的成长可以殊途同归，个性化的班级文化都能形成。大可不必将所有班级、所有学生的发展模式都限制在"唯学唯上"的单一模式之中，使学习成绩"第一通吃"的怪圈，压抑了其他所有班级的发展潜力和自强热情。可见，以人为本、多元智能、因材施教、知行合一等重要的教育理念，不仅适用于学校教育教学思路的改变，也适用于每所学校班级文化建设的总体策略。

作为班级文化建设主导者的班主任，除了要了解教育学、心理学、生理学等与学生教育相关的理论之外，还应了解组织建设、文化建设等方面的知识与方法，要能够对班级文化建设相关的各种因素、资源等进行分析梳理，并做好计划安排。

要明确：①班级文化建设的主体不是班主任一个人，而是与它朝夕相处的所有学生，因此，不能囿于自己的主观想法，而应调动所有学生的智慧和能力。有学生参与建设的班级文化是能得到普遍认同的，也是基础最坚实的。②班级文化不都是显性的、表面的、按照学校和班主任的意志形成的，还会有许多重要的支撑是潜在的或自然形成的，所以要注意因势利导，而不能一味地用制度或行政的方式"力推"。③共性的规律来自个性的经验与实践，任何形式的"入手"或"过程"都可能是合理的，都应该具有一定的影响和教育作用。④每个班级的文化形成过程可能都不同，所以建立在调查、感知、交流、尝试基础上的因班制宜的独立判断和发展思路最为重要，要相信自己，大胆实践。

（程方平 / 中国人民大学教授、博士生导师）

班主任与家长沟通不畅，怎么办？

> 我是个新班主任，知道家校合作的重要性，可是，当我想让一些家长配合教育孩子，如改掉孩子不完成作业的习惯时，却总有个别家长敷衍我，说没时间或管不了，甚至说这是老师的事。总之，我说的话家长常常听不进去或者不能付诸行动。我感到很沮丧，请大家帮帮我。

——山西·樊萍

一、沟通不换位，"战友"成"天敌"

（一）老师，这些问题您有吗

1.如此沟通，肯定会障碍重重

和家长进行有效沟通，从而凝聚家长的力量来教育学生，这是班主任的基本功。但有些班主任在与家长沟通时，总达不到预期目的，还闹得双方都不开心。

第一，居高临下，导致家长反感。小方和同学打架，班主任张老师请家长到校协助教育。见到小方父亲，张老师把事情经过简单介绍后，就指责家长平时对孩子要求不严，管教无方。家长在唯唯诺诺中辩解了几句，说小方是一个非常老实的孩子，今天是一时冲动才……话未说完就引发了张老师的雷霆大怒："你这样说就是我班主任没管好你孩子啦！我看分明是家长纵容才会让孩子犯错的！真是有其父，必有其子！"家长无地自容，双方不欢而散。学生犯了错误，班主任请家长一起探讨怎么教育孩子未尝不可，但应以礼相待。再说，犯错的是学生不是家长，怎可对家长严厉指责？

第二，小题大做，激化师生矛盾。只要班上学生犯错误，不管错误大小、性质轻重，王老师都要请家长到校。哪怕像作业没按时完成、偶尔迟到、打扫卫生不负责等小事也要大动干戈，把家长从繁忙的工作中拉到学校。学生在学习、生活中出现各种错误在所难免，动辄请家长来学校，容易引起学生逆反、家长反感，与老师的期望背道而驰。

第三，狐假虎威，显示教师无能。李老师班上有几个无法"镇住"的调皮生，他经常把家长当作救兵搬来助阵。家长到校后，班主任当着家长的面对学生大发雷霆，历数学生的种种罪状，希望家长和班主任"两面夹击"，把学生的"嚣张"气焰压下去。家长怕得罪老师，只好和老师一起批评孩子，并向老师致歉。家长虽然嘴上不说，心中却认为老师教育无方，无法也不想和老师就孩子的教育问题深入交流。

第四，仓促上阵，彰显师爱缺失。吴老师偶遇一名学生家长聊起孩子的情况，家长问的很多问题吴老师都不知道或说不清楚，使沟通陷入尴尬局面，也让家长灰心。吴老师对工作是否尽责，平时有没有关注学生，由此可见一斑。

第五，以权谋私，引发家长藐视。每接手新班，周老师做的第一件事就是让学生把家长的工作单位和职务写清楚——周老师要充分开发和"合理"利用学生家长的"宝贵资源"。日后，生活中有什么事情需要帮忙，有什么难题需要解决，周老师就会打电话给相应学生的家长。如果遇到非常棘手的问题，周老师还会邀请家长到学校来交流，然后不失时机地"无意"提出自己的难处，家长无可奈何又只能竭尽全力去帮周老师解难……学生家长被老师当成了为自己谋私利的工具，有哪个家长乐意呢？

我们只有告别上述告状式、傲慢式、无准备、谋私利等沟通方式，并在沟通中理解、尊重家长，让家长感受到老师对学生的关爱和期待，才能让班主任和家长的沟通顺畅。

（曹新民／安徽省宿松县阳光高中）

2.一部手机引发的矛盾

开学不久，数学老师向我反映小波在课上看手机。于是，我打电话让家长来学校。

小波的母亲赶来了。我对她说："开学前就已经提出要求不许带手机到学校，更别说带到课堂上了。开学这段时间，小波在数学课上不认真听讲，在语文课上睡觉，英语默写十个错八个。这样下去还能上学吗？我看还是请你把他带回家反省几天。"原本还带着歉意的小波的母亲，听说要让她带儿子回家反省，马上说了句："就这点儿大的事，不至于要回家吧！"我听后非常气愤，马上质问："这还算小事？你儿子的成绩直线下降了！"然而小波的母亲没理会我，只说了句："孩子的事，学校该怎么处理就怎么处理，除非开除，我才能把他带回家。"说完就走了。

家长这一走，让我一下子清醒了。反思这次与家长的沟通，发现自己存在很多问题。

一是在自己生气、学生出现问题时找家长，往往会出现对家长的不尊重，在家长面前批评学生多，表扬学生少；只知道说问题，不知道说解决问题的方法，有时还会说出很多气话。

二是认为学生的错误就是父母的错误，将学生的错误全部归咎于父母教育的问题，而且是当着办公室其他老师的面让孩子和母亲一起接受我的批评。

三是家长把孩子送到学校就是希望老师能够遵循教育规律，用科学的方法教育孩子。我没有去了解、分析学生成绩下降的具体原因，没有提出解决问题的方法，却要家长带孩子回家反省。

四是推卸责任。平时我们只对学生和家长提各种规定要求，要求学生不能这样不能那样，却不告诉他们为什么有此规定以及如何遵守规定。而到了出现问题时就认为自己已经告知学生和家长，将责任全部推卸出去。

五是沟通的方式简单粗暴。当孩子出现问题时，只知道要求家长到学校来听我批评。没有考虑到家长工作的繁忙、到学校的距离等，更没有就教育孩子的问题与家长进行交流。

意识到了问题所在，我决定重新尝试与孩子家长进行有效沟通。我给小波的母亲发了短信，对那天我的不当行为向家长正式道歉。他的母亲也很快回复，对自己当时一走了之表示歉意。之后我又给家长转发了几篇其他地区和学校对学生使用手机的相关规定和学生上学期间使用手机的不利影响等文章。第二天，小波母亲主动打电话要求与我交流。这次，我特意安排了一个单独的办公室，为她沏了杯茶，与她面对面坐下来进行交谈……

这次沟通，我和家长都是在愉快的心境中度过的，效果较好，小波后来的变化也十分明显。

（徐伟／江苏省扬州市邗江区公道中学）

（二）直面家长的问题，正视"问题家长"

1.当遇到"典型"家长时

班主任要正确处理与各种类型家长的关系，预防矛盾发生。工作中，我把较难沟通的家长大致分成四大类，以求沉稳而又高效地做好与家长的沟通工作。

（1）与"过度溺爱型"家长沟通

与过度溺爱孩子的家长沟通，以情与之共鸣是法宝。大扫除，班上盆不够用，学生纷纷从家带盆来。我发现小华拿了一个很小的盆，根本就洗不开抹布，和她一组的同学都埋怨她，嫌她抢着拿盆结果却拿了个不能用的。当天晚上，小华妈妈打电话给我，满是埋怨地说："孩子从小体弱，我哪里敢让她拿大盆啊？走路不安全，拿去盛水多了她也拿不动。可是孩子回家不高兴地说同学埋怨她拿的盆小，拖了小组后腿。老师，孩子毕竟拿盆了，你为什么不阻止其他学生，让他们别说小华啊？她回家就斗气，我怎么也哄不好她。她最听你的话，你帮我哄哄她吧。"听了家长的话，我又好笑又好气：都上初中的孩子了，拿个大盆家长都如此不放心，孩子不高兴了家长就慌得求老师哄孩子……但是转而一想，如果不是十分无奈，家长也不会打电话求救，再说这也是与家长沟通的良机啊。于是，我以一个普通母亲的身份和家长聊起了教养孩子的一些经验与困惑。由于角度一致，很快就与家长产生了共鸣，并且自然地将一些正确的教子方法跟家长做了交流。从那以后，小华妈妈经常给我打电话，主动与我探讨教育孩子的一些方法，小华也很快融入了班级大家庭中。

（2）与"放任不管型"家长沟通

许多家长忙于生意，对孩子的学习不闻不问，与他们沟通的捷径是充分利用他们好面子的心理。班上的小成同学活泼聪明但自律能力较差，在一次单元检测中，小成的成绩非常好，当晚我打电话给他的家长。电话接通后，小成爸爸有些不耐烦地说："老师，我现在正忙，有事能否改天再说？"我立即说："我找您没有别的事情，只是想告诉您，今天小成的测试成绩非常优秀，凡是优秀的学生我都打电话通报给家长。"电话那边传来小成爸爸喜出望外的声音："谢谢您啊，老师。没想到这孩子还真给我露脸，我都没管他，他居然学得不错。"电话也不着急挂上了。我顺着他的话说："是啊，这孩子真聪明，要是您管一管他的话，就更好了。""对，对，对，以后我一定好好管管他。谢谢您……"记不清他一口气说了几个"对"，也记不清他说了多少次"谢谢"。从那以后，他开始主动给老师打电话询问孩子的情况了。

（3）与"脾气暴躁型"家长沟通

与"脾气暴躁型"家长沟通，让他尝尝碰壁的滋味是沟通的捷径。班上一个学生屡次不写英语作业，我打电话请家长来学校，想了解学生回家后的学习情况。不一会儿，一个家长怒气冲冲地迈进办公室，一把拖过我面前的学生，扬起了偌大的巴掌。我急忙挡在孩子面前，使那个巴掌卡在了半空。趁家长发愣之际，我又一把拉开学生，让他快回教室上课去。看着学生一溜烟地跑回教室，我回头问家长他是谁。"我是孩子爸爸。"我边摇头边说："你是代替孩子爸爸的吧。请你回去，让孩子的爸爸亲自来。"这位家长立时急得满脸通红："我就是孩子爸爸，你怎么不信呢？""孩子亲爸爸哪有对孩子这样狠的？你那一巴掌要是打上去还不得把孩子打傻啊！""这……"孩子爸爸一时语塞，不好意思起来。我及时搬过凳子请他坐下，然后告诉他，我理解他恨铁不成钢的心情，可是优秀的孩子是鼓励出来的，不是打出来的。接下来我们的交流就轻松而融洽起来。

（4）与"失去信心型"家长沟通

孩子的学习成绩持续落后，家长往往就会失去信心。和这部分家长沟通时，通过挖掘表扬孩子其他方面的闪光点来感染家长，往往能取得良好效果。新学期第一次家长会，小雨同学的家长没来。我想这个学生升级的成绩是后几名，家长一定是对孩子失去了信心才不愿意露面的。于是，我就仔细观察寻找这个学生的优点。一天，我邀请家长到校，他妈妈一来就不停地说："老师，真丢人，养了这么个不争气的孩子……"我微笑着听她诉说对孩子的种种不满，直到她停下来，我说："小雨妈妈，您有兴趣围绕着孩子和我进行一场比赛吗？"小雨妈妈一脸迷惑地看着我，我告诉她我要和她比赛：她说小雨的缺点，我说优点，看谁说得多。结果小雨妈说来说去始终是孩子学习上的缺点，很快就说完了。我说的优点则范围广，方面多。小雨妈听着我不停地说着孩子的优点，不由得愣住了。我顺势告诉她，不能因为孩子学习不好就否定孩子的一切，应从孩子的优点入手，表扬鼓励孩子，让孩子把缺点转化成优点。这才是教育的成功。一席话说得小雨妈妈感叹不已、后悔不已，决定以后给孩子更多的爱与鼓励。

所有家长都希望自己的孩子好。家长的这种心理，是班主任能够与各种类型家长成功沟通的心理基础。只要掌握恰当方法，双方是能够达到心理相融进而形成教育合力的。

（闫忠/山东省乳山市实验中学）

2. 面对强势家长

七年级第一学期期中检测后，我拿成绩单对照学生六年级的成绩，发现一个女生的成绩下降非常多。但是观察她的课堂和作业表现，却没有发现明显的问题。然而家长却非常着急，在家长会后，家长冷言冷语地说孩子在小学非常优秀，并暗示我的班级管理有问题，应对孩子的退步负主要责任。显然，这是一位强势的家长。面对家长的指责，我虽然有些不快，但也很希望找到这个学生的问题根源，否则，和家长之间的沟通就会困难重重。

这个女生爱读书，文笔很好；喜欢音乐，尤其弹得一手好吉他，经常参加学校的文艺汇演；写字认真，作业几乎让人挑不出毛病。但是我发现，在课堂上回答问题时她虽然表现欲很强，但是思维并不深，而且在很多方面还保持着小学的学习习惯，没有适应初中的学习生活：初中不仅学科增多，知识量也增大很多，可她仍像小学那样仅凭聪明学习，运用这种方式在初中很难完成学科要求。而且班里有才华的学生多了，她的展示机会就少了，尤其是老师的管理方式与小学区别很大，对此她感觉失落，也影响了情绪。另外，她向家长述说的内容带有一定的片面性，增加了家长对班级管理的误会。

问题找到了，我觉得应该和家长相互配合，从改变孩子的意识入手，重点做好初中生活和学习习惯的培养。但是，当我与家长沟通时，家长竟认为我对问题的分析是对他孩子能力的贬低，是对孩子成绩下降责任的推脱。从家长极不耐烦的表情和带有情绪的表述中，我感到这样的沟通不会有好结果，于是我请家长第二天进课堂听课，希望家长能观察到孩子在思维方面和笔记方面的缺点。然而，听完课后，家长却认为是孩子的座位有点儿靠后，影响了听课效率。接下来，家长又一再强调孩子在家是如何认真复习功课的，家长是如何不断进行赏识教育的……

我忽然明白我和家长为何沟通不畅了：家长过于相信孩子的优秀和家庭教育的正确，思想上不自觉地回避了问题的关键，并将所有问题的责任盲目地推向了班主任的管理。而现在我将问题的根源总结为学生的学习不适应，暗示了孩子的适应能力差，间接指出了孩子家庭教育方面有问题，这让家长难以接受。与此同时，我也明白了家长过于依赖赏识教育、不断夸奖孩子聪明的做法，导致孩子的学习更多的是做做样子，以满足父母和自己的虚荣心，并以此不断获得家长对她"聪明"、"学习效率高"的表扬和奖励。这样一来，孩子在知识掌握方面似是而非，成绩下降是必然结果。

虽然主要问题找到了，但面对这样的家长我却不好明说，只好先从孩子作业的具体问题入手，委婉地提出我的看法和建议，并在学校给孩子以特别关注，具体指导她一些学习方法。一段时间后，孩子把精力从获得表扬逐渐转向了知识的掌握方面，学习态度变得认真起来。在期末检测中，这个孩子的成绩进步很大。家长也发来了感谢信，并对之前的"不愉快"表示歉意。

班主任和家长沟通不畅的原因很多，有些问题不能指望一次性解决，尤其是面对强势家长时，更需要一个持续的沟通过程。班主任和家长的教育目的是一致的，沟通是为了更好地促进教育工作，实现学生问题的解决和发展。只要班主任能够根据学生的具体情况和家长的特点，做好充分的准备，就一定能取得良好的沟通效果。

（陈金凯／山东省东营市育才学校）

二、师者父母心，天堑变通途

（一）家校沟通之常规篇

1.小信箱，大桥梁

在一年级第一次家长会上，贝贝妈妈听我介绍贝贝在校表现后苦笑着对我说："贝贝不应受到表扬，她在家表现得完全不一样。"接着她诉说了孩子在家如何挑食、如何自私、如何没有礼貌、如何懒惰……听后，我简直不敢相信，我眼里乖巧可爱的贝贝在家和在校的表现简直判若两人。

贝贝妈妈的话也引起了其他家长的共鸣。我知道，这个问题与班主任和家长交流不畅有关。怎样才能确保家校教育一致，使孩子获得真正健康、全面的发展？尽管我已做了一些工作，班级建有家长QQ群，家长会和家访都按照学校的统一部署去做，现在看来，既然我们之间还存在沟通问题，那么现有的交流方式就有待改进。于是我与家长商量。有的家长说，校讯通和班级的QQ群主要以通知为主，偶尔讨论的问题也是泛泛而谈，没有哪个家长在群中会真正揭自己孩子的短，这既涉及面子，也关系到隐私；有的家长说，家长会和家访虽然是比较好的交流方式，但毕竟时间有限，难以深入交流，特别是家长和班主任之间的信息反馈不及时。

经过思考，我决定采用最原始的交流方式——信件，进行家校沟通。我首先印发"致家长的一封信"，信中的内容主要是请家长配合将孩子在家的表现用信件的方式及时反馈给我们。接着我让每个学生在手工课上制作了"小信箱"，信箱上写上自己的名字然后贴在一块展板上，每天早上值日生将展板放在门卫室，上课前再把展板收回办公室。我和任课老师也根据学生在校表现，给有明显进步的学生写上评语，放在信箱里。放学家长接孩子时，会先看看老师是否在孩子的"小信箱"里放了纸条，若有，则由家长带回家。早晨家长送孩子时，再把孩子在家的表现写成短信，放到"小信箱"中，老师利用合适的时间，把家长的反馈信息读给全班学生听。

"小帆昨天晚上表现特别好，帮妈妈打扫卫生，给爸爸倒开水，作业做完以后就休息了。大家为他的表现鼓掌。"……这种方法，使被表扬者有自豪感，听表扬者有羡慕感。第一天我念了三封表扬反馈信，第二天又收到了五封……为了巩固成果，我开展了"每周之星"评选，并给获奖学生适当的表扬。这项活动开展一个月后，我们做了三项统计：一是老师当月发给家长的反馈信份数，二是家长写给老师的反馈信份数，三是获得"每周之星"的人次。我将统计结果张榜公布在班级的宣传栏中，这不仅震动了我班学生家长，也引起邻班家长的赞叹。学期结束时，我将家长和教师的反馈信分别订了厚厚的一本在任课教师中间传阅，使老师们对全体学生都有了更直观的认识。这本反馈信使我们看到了家校双向反馈对孩子综合素质培养所起的作用，也看到了孩子们的进步。

（朱红霞／安徽省滁州市第二小学）

2. 与家长沟通要"接地气"

学会用更"接地气"的方式与家长沟通，才能真正发挥出家校沟通的实效，实现学校教育与家庭教育的"步调一致"。

（1）语言要平实

我们学校地处郊区，位于城乡结合部，学生父母要么是周围村庄村民，要么是进城务工农民，文化水平普遍不高。了解到这些情况后，在与家长沟通时，我特别注意语言的淳朴与平实，用唠家常的方式，用"村里"的语言与家长交流，营造出教师与家长之间和谐融洽的氛围。试想，如果在与家长的交流中，混杂着许多教育教学上的专业术语或新潮词汇，不仅会阻碍与家长的交流，而且可能引起家长反感，从而影响交流效果。

（2）事例要生活化

有些教师喜欢在家长会上列举事例，以佐证自己的看法或观点。不过，事例却常常离家长的生活较远，这样的例子又怎么会引起家长的共鸣呢？应多列举一些身边发生的事例，如班里家长教育孩子的故事，办公室老师与自己孩子之间发生的事情，或者邻居好友身上经历的教育故事。把事例中的角色定位为家长在生活中可遇到的活生生的人，这样的事例更贴近家长的生活，也会引起家长更多的思考。

（3）道理要深入浅出

家长文化层次不一，水平参差不齐，教师在讲道理时要注意深入浅出，不要追求"高大上"。一位教师在与家长沟通时，为了引起家长对于孩子日常行为的重视，侃侃而谈埃及金字塔留有汉字，美国公共场合用汉字书写提示"不要乱扔杂物"。这些看起来"高大上"的道理，却不会在家长心里产生共鸣。而另一位老师则从孩子的家庭生活入手，请家长谈孩子在家里的表现，借机引出对孩子乱扔物品的担忧，提出养成不乱扔物品习惯的好处：一方面让家庭生活井井有条，家长也不用追在孩子屁股后面收拾东西；另一方面也会让孩子养成正确摆放物品、自己的事情自己负责的意识。家长听了频频点头。同样的道理，用不同的表达方式就会产生不一样的效果。

（陶丕春／山东省胶州市三里河小学）

3. 教师互助，引导家长

"换位思考"

春季开学后，J 同学像变了个人似的——她原来一直很爱上英语课，现在却突然间"看不惯"英语老师了。她先是偶尔迟到一两次，后来上英语课迟到逐渐常态化。更令人头疼的是，在她的影响下，其他两名女生也加入集体迟到的队伍中。年轻的英语老师"恨铁不成钢"，终于"忍无可忍"，对J同学发了句"狠话"："以后再迟到，就不要来上英语课了！"

两天后，J同学与她的两名"死党"开始罢英语老师的课。我找遍了宿舍、餐厅、图书室，也没见到人影儿，便拨通了J同学家长的电话……10分钟后，家长匆忙赶到学校，恰巧学生们在厕所里找到了J及其"死党"。J没想到我会把家长"请"来。为了不受家长责怪，J表现出很委屈的样子，说："是英语老师不让我们进班上英语课的……"我预感到这样的话定会激起家长的愤怒，便接着J同学的话进行解释。可家长坚持要找英语老师问个究竟。

沟通陷入僵局……

我想，尽管英语老师是出于教育学生的目的，毕竟说话的方式欠妥，如果我不及时给家长"泼冷水"，必会带来一些负面影响，甚至造成矛盾的进一步激化，愈发不可收拾。

于是，我拉住家长，委婉地对他说："我们遇到问题，一定不能冲动。您想想，今天我为什么要给您打电话？您为什么要来学校？英语老师为什么要批评孩子？我们不都是为了教育孩子这个共同的目标吗？""那依您说，我不该找英语老师了？"家长的态度已略有转变。我说："您首先应该相信我这个当班主任的，如果我的处理您觉得不满意，可以让学校来处理。不过，如果我们站在英语老师的角度想想，谁年轻的时候不犯一点儿小错误？人家一个刚毕业的大学生，担心孩子迟到耽误功课，虽说教育孩子的方式不太妥当，但出发点还是值得肯定吧？别说是老师，咱们做家长的，在教育孩子时，偶尔不也有言差语错吗？假如我不拉住您，让您找英语老师'讨说法'，能说出个长短吗？到时候，一是显得我们做家长的过于浅薄，二是对孩子的影响不好，三是一位年轻教师的教育生涯刚起步就会失去希望。这些，都是我们不愿看到的结果……"

此时的家长仿佛是一位忠实的听众，已不再有一丝的愤怒与冲动。最后，他决定代表孩子给英语老师道歉，并愿意配合老师做好孩子的工作。

在一阵和谐融洽的交谈中，一场"罢课风波"化解了。此后，几个女生很快和英语老师达成了相互谅解，也没再故意迟到过。

（刘向权／安徽省利辛县纪王场中学）

（二）家校沟通之攻坚篇

1.磕掉的门牙

"老师，子豪的牙磕掉了！您快去看看吧！"班长气喘吁吁跑进办公室大喊。什么？我心里一惊，连忙起身跑到楼道里，一眼望见了满下巴是血、哇哇大哭的子豪。顾不得多问，我拉着他一路小跑到了卫生室，结果是两颗门牙连根磕掉了。看着孩子哭肿的小脸，我心疼至极，问明事情缘由，原来是几个孩子在嬉笑打闹中，不知是谁无意中推了子豪一把，就发生了这样的意外！

子豪的父母都在外地打工，他平时跟爷爷奶奶一起生活。给老人打电话时，怕他们着急，我尽量放平语气，让他们来一趟学校。

不一会儿工夫，老两口就赶来了。看到宝贝孙子成了这副模样，老爷子的火气一下子就上来了，大声问我："董老师啊，到底怎么回事？"我赶忙说道："大爷您别急，我已经调查了，孩子们没有打架，只是……""你说这事怎么处理？我孙子都这副样子了！我怎么和他爹妈交代？到底是谁弄的？是不是看我们是农村的好欺负？"没等我说完，爱孙心切的老爷子一连串质问打断了我的话，老大妈则在一旁不停地抹着眼泪。随后，不管我怎么解释当时的情况，老人家就是听不进去，觉得难以接受孩子牙齿磕掉的事实。

见此情境，我静了静心，快速调节了自己的情绪。我知道老人家上了年纪，如果情绪过于激动会造成不可预料的严重后果。在目前这种无法沟通的情况下，我不能再和他争辩什么。于是我上前一步，一把抓住了老大爷的手，又挎住大妈的胳膊，说道："大爷大妈，你们先坐下，喝杯茶，咱再慢慢说！"老人被我一拉手，实在不好拒绝，顺势坐在了椅子上。

我故意放慢动作，泡好两杯茶端给他们（心理学中说，在遇到紧张气氛时，稍留一段空闲时间，会让对方的气愤值降低很多）。接着，我平心静气地对他们说："我知道你们心疼孩子，将心比心，换成我的孩子我也心疼啊！"我看了老大爷一眼，他歪着头没说话。于是，我接着说："可是孩子们并没有打架，他们是在玩耍的时候发生了这样的意外。刚才我给在医院口腔科的同学打了电话询问，校卫生室的老师也看了，他们说孩子还没有换牙，磕掉的是乳牙，以后不会耽误长新牙的。你们二老放心好了。"听我这样一说，老大爷抬起了头，对孩子奶奶说："对呀，咱子豪还没有换牙呢！还会长新牙的！""是啊，是啊！你看，我一着急什么都忘了！"老大妈的声音里也带着一丝意外的惊喜。

这下轮到老大爷不好意思了，他满脸歉意地说："董老师，你看，我不该……""没关系，你们的心情我能理解！我以后会强调孩子们的安全问题，尽量不让这样的事情再发生。孩子也受罪了，你们上了年纪千万不要再生气着急。"我望着他们真诚地说。

送走老两口，我长吁了一口气，一场风波平息了。在平时工作中，总会遇到这样或那样的事情，也会遇到各种脾气性格的家长，只要我们在与家长沟通交流时真诚友好，让他们深切地感受到我们是在真心实意地关心爱护他的孩子，那么我们的工作一定能够得到家长的理解、支持和配合。

（董凯歌／山东省临邑师范学校附属小学）

2.关注孩子的成长——良好沟通的基础

小进的作业又没做，不只是我布置的语文作业没做，其他科目也一样。要知道，为了防止这样的情况出现，周日早晨我还给他妈妈发了短信，只是依然一点儿作用都没有。而这种情况，开学以来最少已经有过三次以上了。

怎么办？我决意邀请家长到学校来一趟。只是隐隐有担心——据说，孩子家长不怎么好沟通，这在电话中我已有所感觉。我给了自己一个底线，不管怎样，做到心平气和地面对家长——相信，如果我能做到心平气和面对家长，彼此之间的交流应该不会太尴尬的。

孩子的父亲如约而来，冷冷的，很提防的样子。

"不好意思，麻烦您跑一趟。"我顺手拖过一把椅子，让家长坐下，"主要是想与您交流一下小进最近的一些表现。"

"应该的，应该是麻烦你。"客气话说着，但让人感觉不是那回事，有点儿距离感。那就先拉近一点儿心理距离吧。

"小进这孩子，应该说是挺聪明的孩子，上学期的进步也非常大。"一般说来，家长不愿意一见面就听到老师提孩子不足的方面，就先提一些令双方都愉快的事吧，"上学期他的语文期末检测应该有80多分吧，比才接手他时进步多了。"

小进家长有了一丝比较正常的反应："是的，我也感觉他上学期有进步。"

"我真挺喜欢这孩子的，平时啥都非常好，与同学相处得不错，干事也挺扎实的。"再强化一下这样的感受。而家长的态度，也在一点点地缓和下来："有一次与孩子聊天，他说挺喜欢你的。换了几个班主任，你应该是他最喜欢的。"不管这话是表扬还是奉承都不是什么坏事，至少，有这样的基础，我们之间的沟通会顺畅一些。

"不过，这孩子就是有那么一点点的不足，自觉性不够强。"已经有了一定基础，我便开始涉及今天沟通的主要话题了，"每天早上我都是第一个检查他的家庭作业。有时会空几题，有时会空一半，有时还会全空。态度挺好的，怎么批评都冲着我笑。但我想，如果总是这样不愿做家庭作业，时间长了对学习还是会有影响的。"

说到这儿，家长不好意思地向我解释道："昨天你发信息后，我特意给他看了，告诉他信息不是群发的，而是专门发给他的。结果今天中午问他，他作业还是没做完。"

"没事，慢慢来，孩子的自觉性是慢慢培养的。我在学校盯紧点儿，但回家后您还是得辛苦一点儿，多检查孩子的作业有没有完成……"

话还没说完，家长就叹苦了："唉，我自己就没什么文化，孩子一二年级时勉强能对付，现在他六年级了，好多题我也看不懂了。"

"没事，正确率的事交给我，您在家主要看看作业有没有做完就好。"既然家长提出困难，就给予应有的理解吧，"相信坚持一段时间，孩子会慢慢形成习惯的。形成习惯后，事情就好办多了。"

"好的，谢谢你。以后我一定尽量每天都检查他的作业，让他及时完成所有作业。在学校，还是多麻烦你关心了。"孩子家长点点头，说道。而我则感觉一阵轻松——一退再退，最终就是为了听到家长的这份承诺。

"嗯，在学校我会多关注的，这也是我的责任。"目的达到后，不再提更多的要求。其他问题，还是留到以后的沟通中去做吧，提太多要求，会破坏当下这种互信的感觉。"今天麻烦您跑了一趟，我相信这一趟不会是白跑的，只要我们都再多努力一点儿，孩子以后会更优秀的……"

前前后后，我与家长交流了二十多分钟，想沟通的问题获得了不错的效果，事先所担忧的情况并没有出现。

站在走廊上，目送孩子家长远去的背影，我不由得感慨：是的，所有家长其实都是在意自己孩子的。作为教师，我们只要在关注问题解决的同时，关注孩子的成长，就能让家长看到教师对孩子的在意，看到孩子进步的可能，看到教师的付出，家校之间的沟通就会变得顺畅而和谐。

（庄华涛／安徽省芜湖县湾沚镇第二小学）

3.请让我叫你一声"大哥"

坐在墙角里的那个男孩叫小涛，一二年级时，成绩一直是班级前三名。三年级新学期伊始，因父亲脾气暴躁，母亲离家出走，聪明好学的小涛变得沉默寡言，脸上经常带着一道道伤疤，成绩更是一落千丈。召开接班后的第一次家长会之前，我打电话给小涛的父亲，他一听说要开家长会，还没等我说完，就挂断了电话。多次重拨，听到的都是"对方已关机"。

无奈之下，我只好留意观察小涛在学校的举动。我发现小涛特别喜欢读书。课间十分钟，有小涛读《悲惨世界》的专注；体育课上休息时，有小涛读《破碎的四月》的无奈；上下学的路上，有小涛读《麦田里的守望者》的窃喜……每天下午放学后，我刻意陪小涛走上一程。小涛告诉我，自从妈妈走后，父亲对他不管不问，但只要听说老师要叫家长，气就不打一处来，轻则破口大骂，重则一顿毒打……我清楚地看到，说这话时，小涛的双眼已噙满泪花。

我的心一阵隐痛。回到宿舍，我一直不能平静下来，提笔给小涛的父亲写了第一封信。

小涛父亲：

请允许我冒昧地叫你一声"大哥"！小涛是你的儿子，也是我的"儿子"，因为我是他的班主任，你不会介意吧？能有小涛这个"儿子"，我很荣幸。我看到了"儿子"的聪明，"儿子"将来一定会有出息的。我还没有当爸爸，不知道自己能否成为一个称职的父亲。我这个班主任刚刚上任三周，就发现咱们的儿子酷爱读书。周日，我想带"儿子"去逛书店，好吗？

小涛的"爸爸"刘沛华

吃过晚饭，我带上那封信，去拜访"大哥"。我轻轻推开房门，只见他斜坐在沙发上，整个屋子上空烟雾缭绕，电视的声音很大。听见了门开的声音，他头也没抬，只是冷冰冰地问了一句："谁？有什么事？"我有些不寒而栗。

我先是自我介绍，他显得很不耐烦，端起一杯水，"咕咚"喝了一大口。我环视了一下四周，小涛趴在窗前的书桌旁，一言不发，怯生生地瞟了我一眼。

"大哥，我给你捎来一封信，是你的一个弟弟让我转交给你的。"

"信？"他先是一怔，接着嘴角冷笑了一下，"我没有弟弟呀！"他一脸茫然。我顺手把信递给了他，他迫不及待地拆开信封……

"刘沛华是谁？"他的声音有些沙哑。

"是我！"我指了指趴在桌上的小涛，说，"我是小涛的班主任。"

他沉默了良久。

那次家访，他跟我聊了很多家庭的事情……

自那以后，小涛变得活泼了，脸上露出了久违的笑容。

周末，我如愿以偿做了一次"爸爸"，带小涛买了三本书。

第二封，第三封，第四封……我让小涛把信捎给父亲。

小涛变了，变得更加刻苦，成绩也明显提高了。期中考试，小涛的成绩一跃而成班级第五名。我怀着既高兴又忐忑的心情，第二次拨通了小涛父亲的电话。听到小涛考了第五名，他非常激动，不停地责备自己这不好那不好。那次，他又和我谈了小涛在家的诸多表现……

放下电话，我如释重负。沉思许久……突然，手机短信铃声响了，是小涛的父亲发来的。

> 刘老师：
>
> 非常感谢你叫我一声"大哥"！自从小涛的妈妈走后，我开始自暴自弃，亲戚朋友相继"离"我而去。是你的一声"大哥"，让我重温了人与人之间的无限温暖；也是你带着儿子去逛书店，让我备感惭愧，自己确实不是个称职的父亲；更是你对儿子特别的关照，让我心怀感激。请你替我向儿子以前的所有任课老师说一声"对不起"，有机会我会当面向他们道歉的！"大哥"拜托你了！

看着短信，我的眼角湿润了。

作为班主任，我们往往更多的是把爱洒向孩子。有时，我们把爱的阳光也普照给家长，把家长当作朋友，平等相待，家长就会敞开心扉，与我们倾心交流。我们的教育，也会有别样的精彩。

(刘沛华／山东省济宁市高新区第五中学)

 ## 从三方面缓解沟通不畅问题

在当下的教育实践中，班主任和家长的沟通成为影响教育效能的关键。但是，教育现实却让我们时常因为班主任和家长的沟通不畅而紧皱眉头。一般说来，沟通不畅主要表现为：家长和班主任沟通的"抗拒性"，家长对教育不解，抗拒和班主任的沟通；家长和班主任沟通的"消极性"，家长对教育忽视，对和班主任的沟通无所谓；家长和班主任沟通的"两面性"，家长教育的侧重点和班主任不同，和班主任的教育目标南辕北辙。

作为一名班主任，我认为可以从这样三个方面缓解这一问题。

（一）以专业为"源点"，做家庭教育的指导师

和家长相比，班主任作为专业的教育者，在教育理念、教育认识、教育方式、教育内容和教育能力等方面应该有超越家长的水平，这样才能成为家长的"教育依靠"，才能让家长在遇到教育问题的时候，第一选择就是与班主任沟通。

班主任应该表现出自己的专业素养，赢得家长的信任。从事学生教育不仅需要掌握更多的教育专业知识、教育方式，更要懂得学生的心理特征和生理发展阶段，甚至还要明白每一个不同的家庭氛围下的学生表现。只有这样，才能看到学生问题背后的根源，才能透过教育现象看清教育本质，才能做家庭教育的指导师，让家长信服，解决沟通不畅的问题。

呈现班主任的教育专业素养，一般说来要做到两个方面：一是明确教育中的职责，二是教会家长教育。明确教育中的职责，其实就是班主任和家长要分清学校教育和家庭教育之间的界限，要让家长明白自己在教育中该做什么，做到什么程度。譬如，培养学习习惯，家长该做什么，哪些交给老师，遇到问题向老师反映什么，与孩子谈话时该谈什么。教会家长教育其实就是指导家长用合理的方式进行教育，做该做的事情。譬如，抓学习成绩，就要侧重在技术性、操作层面上教会家长教育。

这样的沟通，有效，明确，而且有较强的可操作性，对于班主任和家长双方来说，都是需要的，当然就不会出现沟通不畅的局面了。

（二）以学习为"支点"，做家庭教育的同行者

在教育过程中，班主任和家长一样，都应该学习。因为教育对象总是在改变，教育特质总是不同。在现实中，很多班主任认为自己是专业的教育者，忽略了学习；很多家长认为孩子是自己一手带大的，也足够了解，用不着学习。殊不知，不同阶段的学生，受不同的环境影响，孩子的状态总是在更新。基于这样的原因，班主任和家长都应学习，班主任更应以此为支点，撬动自己和家长之间的沟通杠杆。

要成为家庭教育的同行者，班主任和家长的学习之路应该满足三个条件。

第一，共同阅读，寻找沟通的方向。就是班主任引导家长阅读教育书籍，寻找共同语言，这是双方沟通的方向。很多时候，班主任和家长沟通不畅是因为对教育的理解不同，或者是因为教育思维方向的差异。阅读是最好的影响方式，可以让班主任和家长的教育思路逐渐靠近，能在一种理念的背景下，促进双方的改变。所以，我经常会给家长推荐教育书籍，发送教育心得短信，鼓励其参与教育讲座，以此协调我们的教育理念。

第二，共同实践，确定沟通的途径。阅读不是学习的唯一方式，在学习中，实践、反思都是不可缺少的。班主任要将家长引导到学校的教育实践中，引领家长和班主任沟通教育观点。班主任和家长之间有共同的教育对象，双方的教育话题就会落在实处。因此，我们专门设置了"家长课"，让家长定期来学校给学生授课，讲述自己的人生经历、当下工作、社会百态、励志成长故事等，在拓宽学生视野的同时，也架起了彼此沟通的桥梁，打开了班主任和家长沟通的通道。

第三，共同反思，合作解决问题。教育是过程性的，每一次教育都需要不断地反思和再实践。所以，每一个孩子的成长过程都是一个"纠结"的过程，我们针对每一个孩子的成长问题都会这样思考："为什么会这样？好在哪里？还有哪些有价值的信息？下一步怎么走？为什么要这么走？"对这五个问题思考过后，我们基本上解决了当下问题，并开始新的教育过程。当这五个问题成了班主任和家长之间的教育支点时，我们的沟通就不再不畅了。

（三）以学生为"纽带"，做家庭教育的推进者

沟通不畅，并不一定是沟通渠道本身的问题，大部分是沟通内容和情感问题。现实中，学生就是沟通的内容，而教师的关爱就是沟通的情感。应该说，家长的心思在于学生的成长，如果班主任的视点也是学生的成长，他就将自己和家长联系在一起了。

但在教育中，有的班主任认为学生就是别人的孩子，因而忽视了学生的成长；有的以当下学生的不良表现为由，认为学生不可教；有的认为自己只要抓好成绩就可以了，于是忽视了学生的心理成长；有的觉得家长的素质较低，不用沟通……于是，就造成了各种沟通问题。所以，班主任应该以学生为纽带，关爱学生的同时关爱家长，做家庭教育的推进者。

一般说来，需要借助这样两种方式。

关爱，一是寻找学生的成长点。班主任关爱学生就是要看到每一个学生的成长点，为每一个学生的发展找到适合他们的方式。基于多元智能理论，每一个孩子都有属于自己的特长智能，所以应该根据孩子的性格、兴趣等生理和心理特征，找到他们的特质，并引导他们走向成长。对家长来说，班主任关注了自己的孩子，就是关注了他们的家庭，其实就是帮助了他们的发展。在我们班，每个孩子都有属于自己的个性化档案，其中有行为分析、学习分析、心理画等方面的个人资源，同时，我们还让每一个人分析自己的长处和不足，并确定自己的个性化发展方式。

关爱，二是绘制学生的成长蓝图。学生的成长不仅仅是学习成绩的提高，而是多元的，是根据自己特长的多层次发展。我们的教育不仅仅是为了三年的考试，更是为了未来人生的发展品质。所以，我们在教育中，要以此为方向，制定学生成长的蓝图，确立每一个人的成长目标，树立未来的发展愿景。我们班为每一个学生制订了不同的长期、中期和当下的学习计划，也有不同阶段的人生目标以及实现目标的方式——"梦想五部曲"，还有"当下我最愿意的成长方向"，让学生选择自己目前的成长愿望。这些都是在关爱学生的未来，更是关爱家长、关爱家庭。当我们以此为落脚点的时候，我们就推进了家庭教育，在实践中也从未感觉到家校沟通不畅。

所以，我认为，班主任和家长的沟通不畅，从根本上看，不是沟通途径的问题，和沟通的技巧也没有多大关系，而是在沟通的内容、沟通的情感、沟通的方向和落脚点上，我们需要反思。

（方海东 / 浙江省温州市第九中学）

论班主任与家长沟通的生命性

作为家校合作的核心构成，班主任与家长的沟通有着不可替代的意义。它是一个复杂的过程，因此会出现沟通不畅的情况。而烦恼于此的，不仅仅有班主任，也有家长。对此，要跳出就事论事的思维习惯，在新的立场、视角下，重新审视和解决这一问题。

笔者认为，沟通的基本前提是相互性和平等性，否则就是"训话"、"教诲"、"指责"、"控诉"。现实教育世界中发生着的班主任与家长的"沟通"，确实存在着家长"被沟通"的状态。而这，是诸多问题的根源之一。在面对沟通问题时，要超越个人中心、方法主义和点状思维，尤其不能直接归因到家长的"问题"方面，而要回到关系、交往实践，以及更为整体的教育变革之中。

（一）为人之生命质量提升而沟通

诸多教师的稿件，无论是对案例的分析、问题的解析，还是方法的探寻，往往忽略了一个真实的问题：在家长的眼中、心中，班主任找"我"沟通，意味着什么？基于经验，可以得出的结论是：孩子闯祸了，出问题了。在这样的预设或体验之下，沟通质量可想而知。

而班主任和家长为什么需要沟通？能否跳出"问题"处理的思路？是否有更为建设性、更为整体的"沟通"背景？

第一，沟通的价值取向是促进学生的健康发展。在这一意义上，班主任与所有或个别家长的沟通，机会、内容和形态是无比丰富的。从第一次家访、第一次家长会、开学典礼、班主任发出的第一封短信、见面的第一声问候开始，沟通就已经开始了。笔者和合作者的研究实践发现，基于国际对话的背景，中国教师与家长的沟通可以发生在教育教学的全领域中，并正在拓展到家长社群建设、家庭生活质量提升等方面。正是在这些丰富多元的沟通中，班主任有责任也要有能力就学生的健康发展问题，与家长达成共识，或至少形成明确的信息交流。没有这样的沟通之大图景，处理一些棘手问题时，班主任就不可能游刃有余——因为没有合适的土地，怎可能长出健康的幼苗？没有前期就立场与价值取向等而做的沟通，怎可能形成具体问题的高质量解决方案？

第二，从学生的健康发展出发，班主任和家长都有权，并真实地启动沟通过程；二者是命运共同体的成员。在家校合作中，教师很容易自觉或不自觉地形成强势心理，总想着要"指导"家长，甚至以"教育"之名，实则对家长进行"指责"乃至"羞辱"。其实，"可怜天下父母心"。中国父母对孩子的爱，是教师所无法比拟的；家长有着朴素的教育理解、真挚的教育期待，同样值得作为专业工作者的教师尊重乃至于学习。但如果不给家长以发表自己教育期待与教育理解的机会，不给家长以教育参与的可能，事实上就已经造成了"沟通"的障碍。为此，建构多元、丰富的沟通渠道，事实上是在化解可能的点状问题，更在生态意义上滋养班主任与家长的关系。

第三，基于教育的立场，与家长的沟通是班主任教育工作的具体构成，因此需要有专业性的视角、立场和素养。无论面对怎样的困难情境，班主任作为专业人员，理应体现出应有的克制与理性，应该追求教育资源的智慧开发，通过与家长的沟通，为学生创造健康的生态。更何况，很多中国家长是尊重教师、敬畏专业性、愿意支持和配合教师工作的。班主任不仅仅要在沟通不畅中学会学习和发展，也需要在与家长沟通的便利与融洽中，保持专业发展的自知与自得。

第四，这一沟通具有发展班主任和家长的价值，成人的学习就在其中。这超越了班主任的工作本身，而回归到个体的人之成长中，是终身教育和学习化社会建设背景下的大势所趋。笔者曾大量接触中小学教师，感到不少年轻教师，事实上非常需要增强向家长学习的意识和能力；同时非常成熟的教师，也会利用这样的沟通机会，引导、促成家长的发展，乃至实现文化引领。而一旦建立起班主任和家长的良性沟通状态，家长和班主任的专业成长、情感发育乃至于生命质量和人生境界的提升，就有了现实的基础。

（二）就人之生命成长之事而沟通

就更为具体的班主任与家长的沟通而言，需要考虑沟通的具体内容。这需要班主任注意以下若干内容。

成绩不能成为唯一。尽管在现实情境中，学生的学业成绩牵动着教师和家长的心，但是，如果班主任一直盯着学生的学科成绩，乃至于一直盯着"落后"的那些学生，不仅不利于班主任工作的开展，而且很容易激化与部分家长的矛盾。在此意义上，班主任与家长的沟通，一定要超越"成绩中心"，而回归到学生综合、整体的发展，回归到班主任所应有的关注内容与关注方式上。试想，当家长感受到班主任过度或仅仅关注成绩时，会如何理解班主任的专业性？当那些成绩落后（而且永远都有成绩落后）的学生的家长被"召见"时，会是怎样的无奈、失望甚至愤怒，进而迁移到自己的孩子身上？当学生一直生活在班主任对于成绩的高关注之中，而缺乏高质量的班级日常生活时，学生会怎样认识作为教育者的班主任的尊严和价值？为此，有关学生学习"成绩"的话题，必须融入学生整体发展的目标体系和内容结构之中，才会适得其所，也才能建构起良性的班主任与家长的沟通世界。

行为规范等问题不应被夸大。因为班主任承担着学生道德教育的使命，同时，当前学校高度关注学生的行为习惯、文明规范，因此，学生的道德行为甚至不包含道德因素的个体行为，往往会成为班主任关注的核心，进而成为与家长沟通的重要话题。而学生是成长中的人，总是在发展之中的，并有着不同年龄段的身心发展特征，更何况很多学校的规范、要求，也并不一定都是合理的。在此背景下，如果班主任在与家长沟通过程中，过度"夸大"学生的道德问题，"上纲上线"，往往会激化师生矛盾、班主任与家长之间的认知差异和情感冲突，而不能为自己的教育留出足够的空间。

学会梳理，学会等待，学会取舍。班主任与家长沟通时，是否所有内容事无巨细都呈现出来？这事实上是难以做到的，因为时间、空间资源是有限的；这更是不必要的，因为学生的成长是复杂的过程，教育的过程同样是丰富多元、充满曲折的。笔者在参加上海市七宝实验中学班主任经验交流会时，曾听到一位班主任分享"睁一只眼，闭一只眼"的故事，这让笔者大受启发。确实，班主任和家长一方面是直接的教育者，另一方面则是学生成长系统的领导者。为此，二者的沟通，应该是聚焦核心问题，关注紧要问题，留出发展空间，梳理改进思路，以领导者而非操作工的方式来开展沟通。在一定意义上，"睁一只眼"容易，"闭一只眼"太难；但适度的"留白"，就是在为教育奇迹的发生提供空间。

（三）以富有生命性之方式进行沟通

沟通毕竟是人与人之间的交往，而不是机器之间的物质或信息的交换与处理。为实现高质量的沟通，班主任需要敏感于沟通的方式，促成有温情的沟通。这需要精心创设沟通的情境。这包括时间和地点的选择、沟通氛围的营造，以及必要的材料准备。就一些"敏感"话题而言，在办公室里，当着诸多同事的面，拿着一本本其他学生漂亮的作业本和这位家长的孩子糟糕的作业本，与家长"沟通"，估计是最让家长接受不了的了；但对于一些需要大张旗鼓表扬、庆祝的事，这样的情境则又是非常适切的。类似的情况，沟通中是否需要其他家长在场、是否需要学生在场，都要根据具体的沟通目的、内容而决定。不管怎样，班主任都需要有一份同理心，要记着自己的学生时代，感悟着自己的家长曾经如何感受教师与之的沟通。

这需要促成沟通中的情理相融。人同此心，心同此理，沟通不仅仅是说理的过程，也是相互沟通情感、表达个性的过程。在教育过程中，我们会高度关注教师情感的表达能力，包括语言、体态、行为等；有关尊重、关心、体谅等教育思想，也是班主任们耳熟能详的。而在班主任与家长的沟通中，学会倾听、学会表达、学会情感沟通，同样是重要的班主任素养构成。在各类具体的沟通实践中，来自班主任真诚的理解、对话、欣赏、赞美，都是沟通的催化剂。自然，这不是要求班主任学会"表演"，而是要回归到真诚、朴素的交往状态之中，体验班主任自己喜欢怎样的与人沟通状态。笔者在江苏常州的合作学校，有教师邀请家长、学生参与到家庭作业的策划、开展和评价中，形成了"幸福作业"的项目。在极为丰富的教师与家长的沟通过程中，在促成学生学业、个性与社会性发育的同时，教师也深切体会到家长的可亲、可爱与可敬。

这需要实现沟通的前移后续。无论是一件重大合作项目的沟通，还是具体到某些细节或问题的处理，班主任与家长之间的沟通都不应该是"一锤定音"，而需要有前期的准备和后期的延续。之前的工作可能会通过各类信息通信工具而实现，而事后的沟通，更需要高质量的反馈和持续的资源开发。班主任心中需要装着学生和家长们持续的发展和变化，然后不断地以反馈的力量介入学生和家长们的发展之中。这样的沟通，事实上是可以延续终身的，也可以成为教师终身的财富。试想，对于全心全意爱着自己的孩子、促进孩子成长的教师，哪位家长不愿意全身心地尊重、接纳并与之合作呢？

也许，真实的沟通是具体、复杂的，但如果没有立场的清晰、内容的明了和方式方法的自觉，也许会浪费很多教育资源、发展资源，浪费更多生命的美好和精彩。

（李家成 / 华东师范大学基础教育改革与发展研究所研究员，

教育学系教授）

学习优秀班主任经验效果不佳，怎么办？

> 作为一名班主任，为了提高自己的专业水平，我积极参加地区、学校组织的讲座、培训，还主动买来相关书籍、光盘或者在网上搜集一些优秀班主任的视频、经验总结等来读来看，并尝试运用到自己的班级管理中。然而，效果总是不尽如人意，不知原因何在，请高人指点。
>
> ——山西·杨丝妹

一、探因：经验为何不可复制

（一）仿"优"失败后的反思

进入初三，学生和老师纷纷向我反映，小佳和小丽在搞对象。其实在此之前我也看到过两人放学后一块儿骑车回家，但我觉得这是同学间的正常交往。直到一次课间看到两人在班里公然拉手，我才确信无疑。

记得曾在书上看到过一位优秀班主任处理类似事件的方法：把学生叫到外边，以散步的方式和学生边走边谈心，然后触景生情，告诉学生青涩的果子是不能摘的，只有成熟了，才最美丽。后来学生悔悟了，羞愧了，于是结束了和同学的恋爱关系。

我想，我可以试试这种方法，因为小佳和小丽都是懂事的孩子，尤其是小丽，平时很听话，学习成绩也不错。于是我分别找两个人谈话，从上学的目的讲到老师和家长的希望，从两人的行为对班级的影响再说到升入高一级学校后的视野开阔、品位提高，当然也提到了"青涩的果子是不能摘的"。在我苦口婆心地劝说后，两个人都表示要好好学习，不再和对方交往了。当时我还自鸣得意，觉得"优秀班主任"就是优秀，方法真管用。可还没高兴几天，我就又发现了坏苗头：自习课上，小佳总是和同学换桌挨着小丽，两人又笑又闹，弄得班里纪律很乱；有老师跟我说，有一次他批评小佳，小丽就给他甩脸子，发脾气。在他们的带动下，一些原来就经常违反纪律的学生又开始"蠢蠢欲动"了。

同样的问题，同样的方法，我为什么会失败呢？我想出了以下几方面的原因。

1.学生情况不同

不同的学生有不同的特点。有的学生虽然也违反纪律，但心中会有一个明确的目标，分得清哪头轻，哪头重，所以始终把学习放在第一位。在这种情况下，老师的劝勉、鼓励就会更坚定他的信心。而有的学生比较率性随意，只顾眼前高兴，不考虑长远发展，或者缺乏自制力，所以才会把老师的话当成"耳边风"。

2.老师情况不同

有的老师治理班级以严厉见长，那威严的面孔本身就会对犯错误的学生起到震慑作用。我也很想这样治理班级，可是生就矮小的个子和温和的脾气，使学生在我面前根本就"无畏"。所以我治理班级靠的是辛劳，靠的是对学生的关爱、平等以及自己的学识。这就导致某些学生觉得我好"欺负"，不把违纪当回事。

3.班级风气不同

一个班级如果有积极向上、刻苦努力的良好班风，那么少数学生犯错后必然会受到同学的谴责，他们自己也会为这种行为感到羞愧。相反，如果没有好的班风，其他同学对他们羡慕甚至效仿，那就会对这种行为起到推波助澜的作用。可惜我们班一直没有形成好的班风，导致小佳和小丽的行为不但没有得到制止，反而带动其他学生加入违纪的行列。

从这件事中，我认识到，优秀班主任的治班经验并不是放之四海而皆准的真理，外界条件改变了，我们自己的方法、措施也要改变，否则只会落个可笑的结局。当然，我们也不能把优秀班主任的经验全盘否定了，而应把这些经验作为行动的向导、指南，并在自身的实践中不断探索、改进，摸索出一套适合自己班级的管理方法，那时我们离"优秀"也就不远了。

（位静／河北省辛集市南吕村中学）

（二）学习魏书生的尴尬

作为班主任带了两届学生后，我偶然间看到魏书生老师的《如何当好班主任》一书，顿时欣喜若狂，利用暑假认真研读了一番。

通过学习，我发现自己以往的工作方法存在许多不足，而魏老师的很多做法对我启发很大，如值日班长制度、犯错误写说明书制度；班级每个角落、每件大小事都有一个学生具体负责，责任落实到个人，做到人人有事做、事事有人做；每日在黑板上写一句名人名言；坚持让学生写日记（魏老师称之为"道德长跑"）……我决心好好借鉴魏老师这些科学的管理方法。

新学期我接了个初一新班。还没正式上课，我就把自己关在书房中，废寝忘食地制定一项项规章制度，对每个学生都进行了分工。我将这些规章制度在班上宣读后贴到墙上，与此同时，又根据自己的感觉，任命了临时班委，也将名单贴在墙上，并让学生按照学号轮流担任值日班长。

没想到，我的"学习"不仅没给班级带来多少好的变化，反而给我带来了很多尴尬，甚至是痛苦。

尴尬一：岗位分工难以施行

全班 62 个学生，虽然每人都被分配了具体负责的事务，但我自己都难以记清哪个学生该负责哪项事务，监督检查无从谈起。我给学生的分工也"冷热不均"，有的学生天天、时时有事做，有的学生一周下来都不知道要做什么。

尴尬二：班干部工作不力

纪律委员带头违反纪律；班长不仅不尽职尽责，还和同学吵架，甚至打击报复；有的班干部竟然什么事都不做……让我既生气又无可奈何。后来，有的班干部干脆辞职不干了。

尴尬三：值日班长制度无法推行

值日班长日志流于形式，值日班长怕得罪人，班上出现上课说话、迟到等问题，都不敢把违纪者及其行为记录下来，更有甚者，违纪者竟然把日志本给撕了。一段时间后，值日班长制度名存实亡。

面对这些尴尬局面，经过痛苦的反思，我认识到以下几点。

第一，学习魏书生老师之所以失败，首先在于自己的照搬照抄。不考虑学生的实际，不了解学生的想法，而是一厢情愿地去做，得不到大多数学生的拥护和支持，没有真正调动学生管理自己和班级的积极性。

第二，学习魏书生老师，必须和本班学生、本校本地区教师工作的常规方法相结合，对原有的一些好方法不能全盘抛弃，否则会造成新的方法贯彻不了，原有的好方法又荒废了。

第三，学习魏书生老师，必须充分发挥学生的民主权利，不可包办代替，否则一些制度就难以施行。

第四，要真正深入地认识和理解魏书生老师的班主任工作思想，并身体力行地去做。如果只学了一点儿肤浅的东西，就以为找到了放之四海而皆准的班主任工作法宝，简单模仿，照搬照抄，其结果只能是失败。

第五，我们要不断实践、反思、完善自己的班级管理方法，不能墨守成规，也不能完全抛弃传统的一些好方法。只有善于反思，善于总结，方能成长、成熟和超越。

（高荣／贵州省罗甸县边阳中学）

二、求解：向优秀班主任学什么

（一）寻找"优秀"的共性

优秀班主任的管理模式或教育方法风格迥异，都会打上明显的个人烙印。如果让李镇西像魏书生那样去管理班级，肯定是不行的，反之亦然。因此，与其学某个优秀班主任的具体做法，不如找出优秀班主任的共性加以学习，这样可能更有利于自身成长。

那么，优秀班主任有哪些共性呢？细细研究，无外乎以下几个方面。

1.爱教育

班主任的价值就是通过对学生施以恰当的教育来体现的，而这，如果没有一颗爱教育的心是很难做到的。因此，任何一名优秀班主任，必然有热爱教育的情怀。可以说，在他们的成长历程中，爱教育这一因素发挥了重要作用。不是吗？如果没有这种情感，有谁能做到几十年如一日，将班主任这份非常琐碎的工作做得如此有滋有味？又有谁能够几十年如一日地研究学生、反思教育、提升自己？

这个世界永远不会缺乏能够消磨人的意志的事物，我们只有像那些优秀班主任一样，将教育看成自己的使命与责任，对教育充满热情，才能真正体会到这份工作的快乐，才能不断督促自己进步，工作起来才能如鱼得水，游刃有余。

2.重学生

所有优秀班主任都有一个共同点——重视每一个学生，重视他们的身心健康，重视他们任何合理的诉求，重视他们素养的提升。否则，他们又怎能走进学生心田，与学生无障碍地沟通，引导学生健康成长？如果不关注学生的成长，他们又怎能使自己的教育教学更优化，从而在成就孩子的同时成就自己？

优秀班主任之所以称得上优秀，与他们重视班级中的每一个孩子有关。也只有这样，他们才能够时刻注意自己的言行，注意学习与消化最优秀的教育理念，并将之运用到自己的教育教学中去，使自己的班级管理有条不紊地进行。

3.真行动

一个优秀班主任同时必定是一个真实的教育行者。他们善于将自己的学习、反思所得运用到实践中去检验，再对实践的结果进行反思，感到不足或产生困惑时再进行学习。在这样实践、反思、学习，再实践、再反思、再学习的循环中，他们的眼界开阔了，思考深入了，理念更新了，经验丰富了，自然也就不会犯同样的错误了。那么，对于学生来说，这样的班主任当然更亲和，更有魅力。

我想，也只有如那些优秀班主任般，将我们自己的学习所得、反思所得落实到行动中，在实践中提升自己，在行动中检验自己，才能让自己的所思所得有意义，并逐渐成长为一名优秀班主任。

4.会反思

关于教师专业成长，美国心理学家波斯纳曾归纳出"经验＋反思＝成长"这一公式。由此可见，反思在教师专业成长中有着多么重要的作用。如果不懂得反思，我们的工作就成了"救火"——以往的经验得不到应用，现在的做法也不能成为以后的借鉴。我们每天所遇到的问题都是"新问题"，也就很难得到妥善处理。

我们只有如那些优秀班主任般，时刻注意反思自己的教育教学行为，并将这些宝贵的经验通过反思的形式积累下来，形成自己的教育风格，才能在任何情况下，都使自己的教育游刃有余。

总之，想向优秀班主任学习，想让自己成为一名优秀班主任，就必须关注优秀班主任的共性。唯有这样，才能让学习成为自己进步的动力，才能在成就孩子的同时成就自己。

（庄华涛／安徽省芜湖县陶辛镇保沙中心学校）

（二）向优秀班主任学什么

前段时间有幸聆听了魏书生、任小艾等从一线班主任中走出来的名家的讲座，我受益匪浅。但我深知，向他们学习不应是简单照搬他们的做法，在自己班级来一次情景重现。那么，我们究竟应该向这些优秀班主任学什么呢？

1.学习他们内在的教育理念与思想

学习优秀班主任，真正要学习的是他们"用心对待学生，心中有学生"、"敢于放手，学会倾听"、"把保护一个孩子的心灵视为最重要的事"等管理育人的理念。

纵观魏书生老师的班主任生涯，他始终将学生摆在主体位置上，充分发挥学生的主观能动性。他尊重每一个学生，心中时时装着学生，凡事俯下身子与学生商量，这一切，基于他"民主与科学"的基本管理观念与思想。在民主方面，他树立为学生服务的思想，考虑学生的需要、能力和可接受程度；他从学生的实际出发，和学生建立互助的师生关系。同时，魏老师一直强调管理的科学化，他建立了三个系统：一是计划系统，二是监督检查系统，三是总结反馈系统。三个系统互为条件，互为结果，互相促进，让魏老师的班级管理有声有色，孩子们在他的感染下快乐学习，高效收获。

思想决定行为，我想，学习优秀班主任也是要透过他们的做法，发现他们的教育理念并认真学习吸收，化为己用。

2.分析他们形成的工作方法体系

仔细研究那些优秀班主任，我发现他们都有一套自己的管理技巧与方法。例如，浙江的厉佳旭老师对于诚信教育这一主题进行了大大小小二十多次的教育活动，直到诚信深入孩子心灵，内化成品质；广东的王剑平老师收集了一千多个优秀视频，利用视频的直观与渲染来教育学生，引领学生的精神，内化学生的思想，改变学生的行为；年轻有为的贾高见老师则采用"小活动，大德育"的教育方法，通过一些精心设计的活动来管理班级，教育与发展学生。

上述优秀班主任不仅都有一套班级管理的好方法，而且能持之以恒地坚持做下去，从而获得了今天的成长与成就。我们学习这些优秀班主任，就要在班级工作中融入思考，找到适合自己同时也适合所带班级特点的方法，形成体系，并坚持用心做下去。

3. 思考他们成功背后的人生轨迹

触摸优秀班主任的成长轨迹，才是学习他们的根本。从优秀班主任成长的历程中，我们可以学习他们对教育的热爱、对探索教育管理之路的执着以及他们的人生智慧。

无论魏书生、任小艾，还是其他优秀班主任，都曾因年轻气盛，缺乏经验或缺少思考，走过不少弯路，也发生过许多让自己至今还心有余悸的惭愧之事，或让自己现在想来不满意的往事。但他们的坚持、执着和用心，最终造就了他们的成功。这成功背后的思考、钻研、探索，是我们要去学习和思考的。魏书生老师每天坚持写教育日记，至今已经四十多年。这是怎样的一种坚韧？这样的人不成功，谁又能取得成功呢？

学习优秀主任，关键在于静下心来，深入思考，与他们进行心灵的对话。这便要求我们去掉浮躁的心态，平心静气地做教育，多读、多听、多看、多思、多行，善于向他人学习，乐于钻研，勤于动笔，不断丰富自己的知识储备，并从中找到人生的乐趣。

如此，即便不能成名成家，又何妨呢？

（单琼 / 广东省深圳市龙华新区民治小学）

三、寻径：怎样向优秀班主任学习

（一）分清表里，在学习中扬弃

必须学、可以学与不可学

向优秀班主任学习，切忌眉毛胡子一把抓，亦步亦趋，这样的学习只是模拟其"形"，很难领会其"神"。即使碰巧取得暂时的成功，也很难有持久的效果，并且不能形成自己的工作特色。

向优秀班主任学习，必须弄清哪些"必须学"、哪些"可以学"、哪些"不可学"。

（1）必须学的

优秀班主任身上一些共性的东西是必须学的。例如，①待生如子的爱心。拥有爱心是做好班主任工作的前提，没有爱的教育，不能称为教育，即使在升学率上取得成功，离一名合格的班主任也只会越来越远。②尽职尽责的工作态度。尽职尽责是做好班主任工作的重要保证，因为处于成长期的孩子可能出现各种问题，需要班主任兢兢业业地工作。③科学、民主的精神。科学、民主的精神是保证学生健康成长的必要条件，因为教育的真正目标是培养合格的公民和有幸福感的人，班主任必须用科学与民主的思想引领学生成长，否则就会在应试的重压下迷失方向，以教育的名义做一些违背教育的事。另外，优秀班主任大多心胸宽广，志存高远，富有理想主义的激情，这些我们也必须学。

（2）可以学的

优秀班主任的一些成功做法我们可以学。这些东西是经过实践检验，在某些条件下能够取得一定效果的。例如，以文化立班，重视班级文化建设，让学生在文化的熏陶下成长；重视活动的教化功能，经常组织一些文体活动，让学生在活动中成长。还有不少优秀班主任让学生自主管理，实行小组互助，使学生得到锻炼。这些都是可以学的。

（3）不可学的

优秀班主任的管理理念是必须学的，这是"道"的层面。没有正确思想指导，我们很难走得更远。优秀班主任的管理方法是可以学的，这是"技"的层面。但是，如何落实这些理念和运用这些方法，就不仅是学的问题了，还涉及一个"悟"的问题。

每个人的脾气秉性不一样，相同的话从不同的人口中讲出来，其效果肯定不一样；相同的管理方法，通过不同的人运用，其效果自然也不一样。这就要求我们做个有心人，用心去悟。把自己的想法，通过恰当的语言传递给学生，让学生接受，并且能让学生感受到老师这样做的目的。这种落实理念与方法的过程，是不可学的，只能靠我们自己去悟。

正确的理念是思想保证，科学的方法是行动指南，落实的过程是千变万化的具体工作细节。当我们学习优秀班主任效果不好时，可以反躬自问：我是怎么向优秀班主任学的？是理念缺失，方法不好，还是落实过程有问题？明确了问题，再改正时就容易了。

（张俊 / 安徽省无为县襄安中学）

（二）注重细节，在对比中落实

从细节入手取"真经"

多年来，我校有个传统，新教师要做班主任，得先拜师取经学艺，由结对的老班主任来"保驾护航"。于是，我就拜张老师为师了。

张老师工作经验丰富，善于发动学生，实行班级自主管理，成效显著。他为人豁达热情，富有正义感，喜欢运动，性格与我非常相似。张老师带一班，我带二班。我的一举一动皆以张老师的言行为标准，几乎每次班务都是先学后上，每个问题都是先请教再处理。我们俩坦诚相待，相得益彰，一时间我沉浸在刚参加工作的热情之中。

可是一段时间下来，我发现自己在实际工作效果上与张老师相比还是有差距。课间操跑操，一班能够做到集合迅速、口号响亮、步伐整齐；我们班虽然表面看没啥两样，但在"快、静、齐"上有较大的欠缺。自习纪律方面，一班教室非常安静，全班学生都能集中精力，自习效率很高；而我们班不时有个别学生叽叽喳喳。再说宿舍内务，一班是生活用品整齐统一、干净清洁，宿舍文明搞得有声有色；我们班却是表面光鲜，其实卫生死角很多。一个月下来，级部考核，一班是第一，我们班是倒数第五。同样是自主管理，我俩的工作效果怎么差距这么大呢？

我带着疑问向张老师请教，张老师的话语意味深长："学生自主管理不等于自由随便，老师放权不等于放任不管。"

静下心来，我仔细琢磨张老师的话，回想看到的张老师的工作过程，终于发现，张老师很注意工作细节：课间操跑得好，关键在于体育委员指挥得当，而张老师为培训体育委员就用了一周时间；我却只是随口一说，没有认真指导。自习纪律，一班有严格的奖惩措施，都写在《班级公约》里，班干部以身作则；我虽然是"如法炮制"，却没有好好监督将管理落在实处。宿舍内务，张老师曾开过两次现场会，在班内大力实施宿舍文明"样板工程"；我却只是随口一说，落实不到位。扪心自问，都是因为我经验欠缺，只学表面，自以为是，没有把工作落到实处。

我终于明白，要想真正做好班主任工作，学到优秀班主任的真功夫，就要在平时细心观察，潜心修炼，真心求教；工作上也要从细节入手。我坚信，只要"咬定青山不放松"，总有一天我也会成长为像张老师那样的优秀班主任。

（刘姿爽／山东省桓台县第二中学）

（三）理论引领，在融会中运用

经验不是孤立的

优秀班主任的经验是一种启迪，学习时要用心思考，运用时要据实创新，同时我们还要不断学习教育学、心理学的理论知识。当我们拥有了一定的理论素养时，对优秀班主任的经验就会领悟得更深刻，运用得更灵活。

刚参加工作那几年，我曾经满怀崇敬之心去学习优秀班主任的经验，研读过李镇西老师的教育著作，学习过郑学志老师的治班新招……也曾经向身边的李老师、王老师等优秀班主任学习过经验。当我满心欢喜地带着满满的收获去实践时，结果却令我很困惑：优秀班主任们那么好的方法，怎么挪用到我的教育实践中却失灵了呢？是那些优秀班主任夸夸其谈，还是我的学生顽固不化？我不知道自己该相信谁，该怎么做了。

带着这些困惑，我想起了读师范时老师的谆谆告诫：一切有效的教育方法都离不开教育学、心理学的基础。于是，我又翻开了那些被冷落了好久的教育学、心理学书，慢慢地读起来。一段时间后，我发现：有了实践的体会再来读这类书，思考和以前大不相同，学生时代觉得很枯燥的东西，现在联系实际似乎能看到这些理论的影子。我突然意识到：这些影子其实在那些优秀班主任的经验书中也看到过，原来那些经验不是孤立的。我终于明白：任何一种教育方法的生成都源于诸多因素的融合，处理教育问题，许多时候并不是一种方法的单独运用，而是多种方法的有机整合，或者可以说，不仅仅是方法，还是班主任的素养、教育理念、个人独特风格的融合。

我学习优秀班主任的经验效果不佳，是因为我学习时只注重了方法的操作层面，而忽略了方法背后的理念支撑和多年班主任工作的思想积淀，也忽略了自己和优秀班主任能力素养的差距。我没有思考优秀班主任为什么这样做，只是学习他们怎样做；我忽视了个人的能力、风格，就像拿着书法家的笔却怎么也写不出和书法家一样的字。

有了上述思考之后，我再学习优秀班主任的经验时，不再只关注方法，而是更关注优秀班主任经验生成的过程，思考他们的理念。同时，我也开始试着确立自己的教育理念。我深深地认识到：有了理念的指导，我心中所思考的问题就宽泛起来，我不再只把眼光停留在解决教育问题本身，更多的教育情感涌入了我的内心，我内心的急躁、对学生出现问题的抱怨似乎都变得柔和起来。于是，我能够有耐心地观察学生的行为，能够站在不同角度揣摩学生的心理。不知不觉中，我把向优秀班主任学来的方法加以改造，使它更适合我的实际情况。这时我惊喜地发现：学习优秀班主任的经验使我的脚步变得更加轻盈。原来不是优秀班主任夸夸其谈，也不是我的学生顽固不化，而是我学习的方法不对。

接下来的日子里，我一边学习优秀班主任的经验，一边学习教育理论，一边在实践中创造性地灵活运用所学的经验和知识解决教育问题，我的教育生活也变得有滋有味了。

（赵春梅／吉林省蛟河市庆岭镇庆岭金城小学）

（四）参考经验，在实践中创新

从学习"优秀"中找到了自己

初当班主任时，同办公室的李老师班级管理经验丰富，深得学生喜爱，让我羡慕不已。我暗下决心，一定要成为像李老师那样的优秀班主任。

通过观察，我发现李老师最大的优点就是擅长做学生的思想工作，学生上课没听懂，他会让其来办公室再耐心讲解一番；学生违纪了，他将其请到办公室寻找原因，找出解决办法……我似乎明白了，原来李老师的方法很简单，就是请学生到办公室来。

于是，我"照猫画虎"。学生上课没听懂，我将其请到办公室辅导，开始学生也是高高兴兴地来，可没过几天，他们便不来了，甚至看到我就躲；学生违纪了，我也将他们请到办公室进行教育，但结果常常是师生情绪激动，陷入争执之中，僵持不下，最终不得不请家长到校逼学生就范。

我为此备感苦恼，不断追问自己：为什么李老师能办到的事，我就办不到呢？

经过深入反思，我认识到：李老师性情温和，和学生谈话时平心静气，不疾不徐，慢慢开导；而我年轻气盛，脾气暴躁，和学生说不了几句话，就开始发脾气，让学生接受不了。

知道了自身存在的问题后，我就想改，但试了几次后发现，无论我怎么克制，最后都难免动怒、发火。看来自己的性格不是一天两天能改好的，在这种情况下，学习李老师的做法无疑是纸上谈兵。怎么办？我陷入焦灼中。

一天，看到班上几个学生在打乒乓球，我兴致勃勃地加入其中。在边打球边聊天的过程中，我发现和学生的思想沟通很顺利，可能是心情愉悦的缘故，无论学生说什么，即使是批评的话，我都能高兴地回应，坦然地接受；而学生对我的球技也佩服得不得了，还主动约我择日再战。

回到办公室，仍沉浸在兴奋中的我突然想到，我的性格确实不适合在办公室做学生思想工作，而在球场上我却能和学生谈得很投机，甚至可以边打球边对违纪的学生吼叫："你是不是又吸烟了？能接住我10个球（我知道他肯定不能接住），你吸烟我就不反对；接不了，那么差的身体，哪有资格吸烟，完全是在摧残自己的身体！"这些话由于是在球场上说的，学生会乐呵呵地接受，并且真的不吸烟了。再如，在与一个早恋的学生比赛长跑的过程中，我开玩笑似的就说服了他。

通过上述办法，我发现尽管我的脾气还是没改多少，但和学生的关系却越来越融洽了。我想，如果我强制自己学习李老师的做法，恐怕不仅达不到预期效果，反而会让师生关系越来越僵；而顺应自己的特长，结合自己的性格特点，一样也能达到教育学生的目的。所以学习优秀班主任的经验，必须根据自己的爱好、特长、性格、经历等，同时结合学生的能力、性格进行有的放矢的学习。

（董建华／湖北省秭归县第二中学）

 我们向优秀班主任学什么

随着班主任专业化进程的不断推进，越来越多的年轻班主任开始认识到班主任专业发展的重要性，逐渐从事务型向专业型方向转变，进而自觉不自觉地产生了向优秀班主任学习的愿望，并付诸自己的教育实践。向优秀班主任学习成为班主任自我成长的一个重要途径。这是一个可喜的变化。但是，一些教师在向优秀班主任学习的过程中，往往持一种功利主义的取向，希望在短期内见到成效，因而照搬照抄一些具体做法，效果却常常不佳。因此，对于一些年轻班主任而言，向优秀班主任学什么，如何学习，成为一个摆在他们面前的现实而又急迫的问题。

（一）

这里，我首先做一个界定，区分一下"优秀班主任"和"名班主任"。

优秀班主任往往是在长期从事班主任工作的实践中炼成的，他们在人格上更加成熟完善，对学生的影响更加全面深远，在班主任实践智慧和人格魅力方面堪称楷模或典范。他们往往具有大家风范以及作为教育家的优秀品质，其实践经验和教育智慧是经得起时间考验的。而且，他们自身也在不断学习，不断超越自我。

同优秀班主任相比，名班主任的诞生往往具有一定的偶然性和人为性，其诞生机制本身是值得深思的。所谓名班主任，即近年来在班主任工作中做出了一些成绩，通过优秀班主任评选、班主任基本功大赛、班会活动展示等一系列活动脱颖而出，进而受到一些行政部门、媒体的关注和表彰，有一定知名度、关注度的班主任。这些名班主任往往有一些共同的特点，如大多比较年轻，在班主任工作中有一定创意，受到学生的欢迎和喜爱等。名班主任的诞生可谓班主任专业化的产物，更是近年来一些地方、学校纷纷推出的名班主任评选政策的产物。他们中有许多人已经非常优秀，但也有很多名班主任正在成为优秀的路上，他们的经验还有待时间的检验。

（二）

向优秀班主任学习，不可采用追风式的简单模仿，而要经过客观的分析，以审慎的态度创造性地学习运用。因为教育情境的复杂性，不同班主任面对的学生实际情况各不相同，班主任自身的特质、知识储备、能力结构也各不相同，不能采取简单的拿来主义的做法。所以，在探讨"向优秀班主任学什么"这一问题之前，我们必须首先明确怎样学习的问题，也就是学习的态度和立场问题。

向优秀班主任学习不是一个经验层面的简单分享，而应成为与优秀班主任的对话过程，对话不是单向度的效仿，而是批判性地吸收与借鉴。对于今天的教师而言，批判性思维的形成尤为重要。在中国现行的教育体制下，标准化的考评制度、行政命令、专家意志、媒体力量、家长因素等多方面力量综合作用于教师的成长，使得教师的批判性思维几乎丧失殆尽，教师的工作越来越沦为简单地照章办事，不折不扣地执行长官意志或行政命令，教师的独立性、创造性受到极大的消解。"考试成绩好的学校即好学校，考试成绩好的教师即好教师"的评价标准大行其道，班级管理成为学校管理机器上的一个零件。成功、高效管理背后的教育理念，以及由此评价标准形塑的教师行为往往是值得怀疑的。因此，在现行的学校管理体制下向优秀班主任学习首先应避免盲目的偶像崇拜。另外，优秀班主任可以作为班主任自我成长中的一面镜子，从他们身上，既可以发现自己的不足，同时也要发现自己的优势所在，只有这样，才能不断成长和进步。

（三）

那么，我们从哪些方面入手向优秀班主任学习呢？我认为，可从操作、观念、人格三个层面进行，进而区分为学习的三种层次或三种水平。如果以问题的方式表述，即"是什么"、"为什么"、"怎么样"的问题。从学习品质来分析，具体表现为"思"、"悟"、"行"三个要素。

班主任工作是一个实践性很强的工作，在实践过程中往往体现为大量烦琐的事务性工作。对于刚从事这一工作的年轻班主任而言，班主任工作实务的学习和操作显得尤为重要。例如，初任班主任的"三个一"：如何开好第一堂班会课，与学生、与家长的第一次见面，上好第一堂课等。因此，对于年轻班主任而言，学习优秀班主任的带班经验和具体做法往往成为第一要务。这种学习大多停留在事务性的操作层面，具体而言，就是学习优秀班主任是怎样带班的。这个学习阶段往往表现为简单模仿，向优秀班主任学习的往往是一招一式，并且大多采用拿来主义的做法，缺少自己的独立分析和创造性的运用。如果自己所带班级与优秀班主任所带班级情况比较吻合，可能会在短期内取得一定的成效；如果班级情况不一致或不相符，则效果不佳。

一些善于反思的班主任可能会提出这样的疑问：同样的做法为什么效果截然不同？进而引发自己的独立思考，是自己的做法有问题，还是方法本身值得思考？于是进入学习的第二个阶段——观念层面的学习，反思优秀班主任做法背后的观念是什么，即他为什么会这样做、背后的思考是什么。

班主任的教育观念、教育理念不是空洞无物的，而是具体体现在每一个教育细节中，例如，魏书生老师"让班上的每个孩子都有岗位"与有的老师"让班上的每个孩子都有职位"的做法，看似一字之差，背后的观念却大相径庭。"人人都有岗位"体现了全班学生对班级活动普遍的参与意识，而"人人都有职位"强化的是学生的"官本位"意识。再如，有的班主任坚持每学期走访班上每个孩子的家庭，与班上每位学生谈心一次，与全班学生一起制订班规等做法，都体现了班主任"心里有学生"、"以学生为本"的教育观念。在此意义上，向优秀班主任学习不是操作层面的简单模仿，而是发现做法背后的原理性东西以及思想性的内涵。这样的学习意味着班主任要逐渐确立和形成自己的教育观念和教育理念，始终把全面深入地了解学生、走近学生作为自己的必修课。在此基础上，对学生作为一个发展中的，充满个体差异性的，具有无限发展潜能的完整的生命体有着充分认识；对教育的内在本质、教育教学的规律性等有着整体性的把握。即教师要树立对于教育的内在信念，形成一定的专业品质，并将终身学习作为自己的努力方向。

向优秀班主任学习的最高境界是感受、体悟优秀班主任的人格魅力。教师的人格魅力作为一种潜移默化的力量，在学生一生的发展中都发挥着不可替代的作用。优秀班主任的人格魅力是其在长期的班主任实践中教育智慧、人生境界的结晶。人格魅力作为一个人的本色、底色，往往同一个人的人生阅历、人生境界有关，非刻意追求、人为修饰、急功近利而成，也是向优秀班主任学习时最难效仿的。为此，年轻班主任要能潜下心来，深入研究教育教学规律，将班主任工作作为一个专业以及毕生从事的事业，不断学习，用心经营。相信通过长期不懈的努力，一定可以达到优秀班主任的精神境界。

（四）

最后，笔者认为有必要专门就向名班主任学习这个问题提出一点想法。

近年来，一些名班主任身上表现出一些可喜的个人品质，如对于教育事业近乎痴迷的热爱，对于自己理想信念的坚守，对于开展班级活动始终如一的坚持，对于班主任教育实践的创新意识和创新能力，对于新生事物的敏感力和接受能力，以及一定的自我反思能力、不断学习进取的精神等。他们中的一些人已经形成了自己独具特色的带班风格以及明确的自我发展意识和发展能力。这些优秀的个人品质都是值得年轻班主任学习的。

但是，我们也发现，一些名班主任身上尚缺少一些内在的精神品质，如对名与利的过度追逐以及由此带来的行为表现等。在人生境界和人格魅力方面的差异正是所谓的名班主任与优秀班主任之间的差别所在。在当今日益功利化的社会，名班主任的诞生机制在"速成"了一批名班主任的同时，也使得一些人的精神世界变得日渐苍白，导致一些人身上人为包装、修饰的成分居多，更有甚者，一旦成名之后，往往满足于到处作报告，介绍经验，相互鄙视与攻击，在人生舞台上上演着一幕幕形形色色的人间悲喜剧，将教育演绎成为人生的名利场。媒体的宣传、自我的标榜往往使一些人沉醉于自我的"造神运动"中，个人崇拜及自我意识膨胀，自我言说与实际行为出现极大反差，进而产生了不利的社会影响。其功利化的人生追求以及在实际行为中暴露出的问题需要引起人们的反思，也是年轻班主任在向名班主任学习过程中需要加以识别与警惕的。

当然，名班主任并不是完人，他们身上表现出的这样那样的人格缺陷和行为表现放在其他行业或其他人身上是可以理解的，但是教师职业的特殊性，需要我们对于这样一些人格缺陷和行为偏差表现出特殊的敏感性，因为它们会潜移默化地影响学生，乃至影响他们一生的健康发展。"以他人为镜，可正其身"，在此意义上，名班主任作为年轻班主任成长中的一面镜子，往往具有可资借鉴与可供批判的双重意义和价值，由此也可形成班主任的批判性思维能力和鉴别能力。这正是笔者特别提出向名班主任学什么这一问题的价值所在、用意所在。

（齐学红／南京师范大学道德教育研究所教授、班主任研究中心主任，

江苏省教育学会班主任专业委员会理事长）

后记

　　2008 年 10 月，经赵福江社长提议，《班主任》杂志决定创办一个帮助班主任"答疑解惑"的栏目——"我该怎么办"。

　　"我该怎么办"每年讨论 12 个问题，从 2009 年第 1 期开始到 2015 年年底，7 年共讨论了 84 个问题。这些问题包括班级管理、班级教育、师生关系、班集体建设、个别生教育、青春期教育、家庭教育等，涉及班主任工作的方方面面。对班主任来说，由此基本可以实现"一册杂志带好班"。这些年来，"我该怎么办"栏目已经成为班主任眼中的金牌栏目。

　　而当下，班主任面临的许多新问题亟待解决，他们急需帮助，与此同时，也有不少老问题需要总结规律，探索新途，因而将"我该怎么办"讨论的内容结集出版的呼声越来越强烈。鉴于此，我们精选出 12 个讨论专题，编辑成书，以方便班主任使用。

　　在此，要感谢编辑部全体同仁。栏目创办时，周芳副主编主动请缨负责，她和卞京老师一起为栏目的发展付出了巨大心血，做出了重大贡献。2013 年以后，杨丙涛、曲怀志、陈秀娣等编辑也相继参与栏目工作。可以说，本栏目凝聚了编辑部全体同仁的心血和汗水。同时，我们还邀请过一些班主任作为"特约专栏主持"，在此一并感谢。

《班主任》编辑部

2015 年 12 月